概率思维

思维

率

维

［日］小岛宽之——著

董真真——译

数学的决断の技术

选择比努力更重要

北京时代华文书局

图书在版编目（CIP）数据

概率思维 /（日）小岛宽之著；董真真译 . — 北京: 北京时代华文书局，2022.6（2023.10 重印）

ISBN 978-7-5699-4602-4

Ⅰ . ①概… Ⅱ . ①小… ②董… Ⅲ . ①概率思维－通俗读物 Ⅳ . ① B804-49

中国版本图书馆 CIP 数据核字 (2022) 第 057140 号

SUUGAKUTEKI KETSUDAN NO GIJUTSU by HIROYUKI KOJIMA

Copyright © 2013 HIROYUKI KOJIMA

All rights reserved.

Original Japanese edition published by Asahi Shimbun Publications Inc., Japan

Chinese translation rights in simple characters arranged with Asahi Shimbun Publications Inc.,

Japan through Bardon-Chinese Media Agency, Taipei.

北京市版权局著作权合同登记号 图字：01-2020-1346

概率思维

GAILÜ SIWEI

著　　者｜[日] 小岛宽之
译　　者｜董真真

出 版 人｜陈　涛
策划编辑｜周　磊
责任编辑｜周　磊
责任校对｜凤宝莲
装帧设计｜程　慧　迟　稳
责任印制｜訾　敬

出版发行｜北京时代华文书局 http://www.bjsdsj.com.cn
　　　　　北京市东城区安定门外大街 138 号皇城国际大厦 A 座 8 层
　　　　　邮编：100011　电话：010-64263661　64261528
印　　刷｜北京毅峰迅捷印刷有限公司　010-89581657
　　　　　（如发现印装质量问题，请与印刷厂联系调换）
开　　本｜880 mm×1230 mm　1/32　　印　张｜7.5　　字　数｜147 千字
版　　次｜2022 年 8 月第 1 版　　　　　印　次｜2023 年 10 月第 2 次印刷
书　　号｜ISBN 978-7-5699-4602-4
定　　价｜45.00 元

请填写下述调查问卷

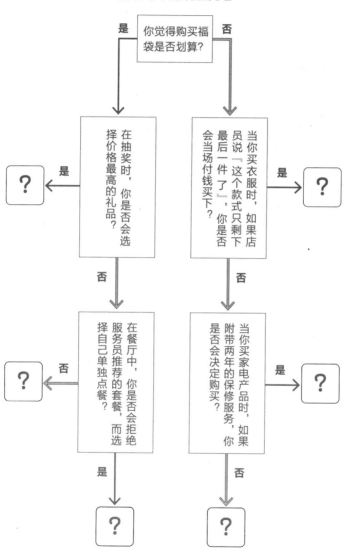

你觉得购买福袋是否划算?

是 / 否

是分支:
在抽奖时,你是否会选择价格最高的礼品? — 是 → ?

否 ↓
在餐厅中,你是否会拒绝服务员推荐的套餐,而选择自己单独点餐? — 否 → ?

是 ↓ ?

否分支:
当你买衣服时,如果店员说「这个款式只剩下最后一件了」,你是否会当场付钱买下? — 是 → ?

否 ↓
当你买家电产品时,如果附带两年的保修服务,你是否会决定购买? — 是 → ?

否 ↓ ?

前　言

你所遭遇的"失败"，根源究竟在哪里？

我们每天都要做出各种决策。一提到"决策"这个词，乍听起来可能不太接地气，会令人产生一种"高大上"的感觉。实际上，通俗地说，决策就是我们每天都要做出的各种选择。这样想来，可以毫不夸张地说，我们生活中的每个瞬间都离不开一系列决策。在此，我希望大家能再认真地看一遍前面提到的调查问卷。那个调查问卷中的问题，涉及我们日常生活中可能遇到的很常见的选择行为，这些看似普通的选择行为就是决策。

针对这些需要在瞬间做出决策的情形，你是否积累了足够丰富的应对策略呢？就算上升不到策略的高度，你至少也应该三思而后行，在充分思考的基础上，选择行动模式。但是，在实际生活中，许多人肯定会不以为然，觉得根本没必要想得那么复杂，认为面对这些情形时全都只需要凭本能或者直觉做出决定。

但是，我希望通过本书能够改变你的看法，让你意识到**在这些决策之中，往往潜藏着特殊的习惯。即便是凭本能或直觉做出的决定，也必然存在着你的某种习惯的"影子"**。实际上，上文中提到的调查问卷，最终目的就是弄清楚这种习惯。关于这项问卷调查的结论，我将在第125页给出详细解释，敬请耐心等待。

了解与决策相关的各种习惯是非常有意义的，其原因主要包括以下两点：一是通过了解自己的思维习惯，你可以认识到自己失败的真正原因；二是通过了解各种习惯，你可以掌握在不同场合做出适当决策的方法。

许多人在遇到问题的时候，往往会感到纠结、迷惘，甚至丧失对未来的期待和信心，一味沉浸在对过去做出的判断的懊悔之中，终日闷闷不乐、无法自拔，总是感到事与愿违，悲观沮丧。对于处于这种状态的人而言，如果能够真正了解决策的各种习惯，并将其作为知识储备起来，必然会增强自信心，就像拿到了舒缓心灵的定心丸一样，可以从容自若地面对各种困难。

在这里，我想先向大家澄清一点，这本书绝对不是那种对人进行说教"洗脑"的自我启发类书籍，请大家绝对放心。这本书不会教你那些速成的处事方法，比如"如何摆脱忧虑"怎样才能做得更好""怎样才能取得成功"等。一个人在决策时，本来就没有什么绝对正确的普遍真理可以遵循。正所谓"条条大路通罗马"，一个人在决策时往往会用到许多思维方式和方法。这里提到的思维方式和方法就是上文中所谓的"习惯"。在本书中，我将尽可能以通俗易懂的方式，向读者介绍我在实践中积累的关于决策的思维方式和方法。

人们将对决策的思维方式和方法进行分析和总结的研究领域称为"决策理论"。从学科分类的角度来看，"决策理论"是横跨数学、统计学、经济学和心理学的研究方向。虽然这个方向并不属于传统领域，但是也有大约300年的历史积淀了。在本书中，我将与各位读者分享"决策理论"涉及的各种决策方法。

下面，我将结合具体内容进行介绍。

本书的第一部分是决策方法的基础篇。这一部分将对四种决策方法（习惯）进行说明。这四种方法具体是指：在意平均值的等概率准则①、担心出现最差局面的悲观准则②、

---

① 等概率准则假定各自然状态发生的概率彼此相等，然后再求各方案的期望收益值。等概率准则主要在决策者对未来出现的自然状态的发生概率信息掌握较少的时候采用。
② 悲观准则又称最大最小准则、极大极小损益值法，是不确定型决策的决策准则之一。这种方法的基本态度是悲观与保守，对于任何行动方案，都认为将发生最坏的状态——收益值最小的状态，然后比较各行动方案实施后的结果，取具有最大收益值的行动方案为最优行动方案。

经常寄希望于绝地反击的乐观准则^①和避免"事后诸葛亮"的后悔值准则^②。

在学习这四种方法的过程中，还会接触到一些相关的知识，比如概率论、博弈论、统计决策原理和经济学里的机会成本理论等。这种学习方式可以加深印象，与单独学习每个领域的理论相比，令人觉得更加亲切和实际，吸收、消化起来也更加有效。

本书的第二部分是决策方法的发展篇。对于许多人而言，前面介绍的思维方式是非常新颖的，很吸引眼球。只要不是决策理论的专家，就算在数学和经济学领域有很深造诣的人，对于这些知识可能也是初次接触，没有什么深入的研究。这些理论基本上是在20世纪以后构建的，其中还包括近20年来刚刚提出的最新理论精华。这些知识都是以公式或图形的形式展现出来的，我希望通过这种简洁直观的方式，向

---

① 乐观准则又称最大最大准则、极大极大损益值法。在这种准则指导下，决策者决不放弃任何一个可获得最好结果的机会，以争取好中之好的乐观态度来选择行动方案。决策者设想采取任何一个方案都会发生收益最大的状态，然后再从这些最大收益值中选出最大者。乐观准则决策方法主要被那些对有利情况的出现比较有信心的决策者所采用。

② 后悔值准则又称沙万奇（Savage）准则，是通过计算各种方案的后悔值来选择决策方案的一种方法。该准则先计算出各备选方案在不同自然状态下的后悔值，然后分别找出各备选方案对应不同自然状态中后悔值中的最大者，最后将各备选方案的最大后悔值进行比较，它们之中最小值对应的方案即为最优方案。后悔值准则主要被那些对决策失误的后果看得较重的决策者所采用。

读者介绍更加灵活的决策方法（习惯）。

　　本书的第六章将就逻辑和决策的关系进行介绍。在许多情况下，人们往往不是依据概率，而是凭逻辑思维进行决策的，尤其是在法庭仲裁和人际关系处理方面，大多数的决策和判断都基于这种模式。关于这种决策方法，著名经济学家和逻辑学家约翰·梅纳德·凯恩斯①进行了深刻的思考与研究。之后，随着人工智能研究的不断进步，该领域取得了进一步的发展。

　　本书的第七章将关注的焦点放在了"惊奇"（Surprise）这一现象上。人们在面对超出预料的变故时，往往会改变自己的判断。对此，英国经济学家沙克尔②提出了潜在惊奇理论，很好地解释了这一现象。第七章将围绕"惊奇"这一关键词，介绍相关的思维方法。

　　本书的第八章将围绕人们改变观念的"更新"（Updating）

---

① 约翰·梅纳德·凯恩斯（John Maynard Keynes，1883—1946），英国经济学家，最有影响的经济学家之一，他创立的宏观经济学与弗洛伊德所创的精神分析法和爱因斯坦发现的相对论被称为20世纪人类知识界的三大革命。
② 沙克尔（Shackle）是英国著名经济学家，推崇非帕斯卡概率。他认为对于人文体系中的不确定试验，一般来说不可能事先构造样本空间，于是他提出了第一个非帕斯卡概率理论"潜在惊奇理论"，来描述非分布式不确定性——当事人不可能事先构造所面临的不确定性。

理论展开系统论述，先是从许多人学习过的贝叶斯定理①（Bayes' Theorem）切入，然后在进行系统分析总结的基础上，进一步延伸至形式更加自由、应用性更强的"D-S证据理论"（邓普斯特/谢弗理论，即不精确推理②理论）。

本书的第九章主要针对缺乏独立决策自信的人们介绍"多重先验理论"。可以说，这是一种"积极利用双重标准"的方法。

如上所述，本书主要介绍决策方法（习惯），从标准理论入手，逐步拓展至前沿的理论。但是，这并不是本书想要表达的全部内容。它的最大卖点在于以简明易懂的形式，帮助读者轻松掌握那些理论性极强的学术知识，同时向大家揭示潜藏在人们行为背后的原理，引导大家深刻反思自己的决策，从而在未来的人生道路中不断做出正确决策。

读到这里，你是否已经做出了购买这本书的英明决策呢？

---

① 贝叶斯定理是关于随机事件 A 和 B 的条件概率（或边缘概率）的定理。它的表达式是 $P(A|B) = P(A)P(B|A)/P(B)$，其中 $P(A|B)$ 是在 B 发生的情况下 A 发生的概率。贝叶斯（Thomas Bayes，1701—1761），英国数学家，他将归纳推理法用于概率论基础理论，并创立了贝叶斯统计理论。

② 不精确推理是建立在非经典逻辑基础上的一种推理，是研究复杂系统不完全性和不确定性的有力工具。它具有两个方面的不确定性：一是论据的不确定性；二是结论的不确定性。

目　录

第一部分

第一章　决策的四种类型

第二章　在学校学不到的"实用"概率
——期望值准则

1

第三章 洞察充满不确定性的未知世界的决策方法
——最大最小准则

第二部分

第六章 "按照逻辑理性思考"是指什么？

第七章　超出预期的事件会促使人做出改变

第八章　适应纷繁复杂的信息社会的更新机制

I

第一部分

第一章

决策的四种类型

在列举的四个生意之中，你究竟会做出怎样的选择呢？

我们先来做一个调查问卷。

我将在第一部分介绍与决策相关的代表性准则。作为铺垫，希望大家能认真填一下调查问卷中涉及的问题。通过对这些问题进行系统分析，大家可以从中发掘自己平时并不在意的一些决策习惯。

下面，请大家看一下表1-1。我们先介绍一下表格的相关情况。

实际上，这是一个帮助你做出选择的参考表格，假设下周的某一天，你需要在公园的露天环境下经营某种生意，那么你会做出怎样的选择呢？在表格中，一共有A、B、C、D四种生意。这些生意每天的销售额会受到当日天气状况的影响。通过表格，能够准确地掌握不同天气状况下经营各种生意当天获得的利润。例如，经营生意A，如果天气是晴或阴，利润能够达到2万日元；如果天气是雨或雪，则利润只有1万日元。

那么，大家需要做的就是，在参考这个表格的基础上，从四种生意中选择你认为最合适的生意，并做出最终的决策。

表1-1　四种生意的利润

生意	晴	阴	雨	雪
生意A	2万日元	2万日元	1万日元	1万日元
生意B	3万日元	3万日元	0万日元	1万日元
生意C	2万日元	4万日元	0万日元	0万日元
生意D	1万日元	5万日元	0万日元	0万日元

关于选择，有一点需要特别注意，那就是除了表1-1中提到的内容以外，再没有什么具有参考价值的信息了。经营生意的公园没有具体的地理位置，不知道属于什么区域，可能在城市中心，可能在炎热的岛屿上，也可能在寒冷的雪国。不仅如此，关于具体的季节，也没有任何明确的信息。因此，大家要注意避免先入为主的错误倾向，不要根据自己目前所在的区域和季节等信息做出决策。

下面，请大家在深刻理解上述情况的前提下，从四种生意中选择一种，同时最好能认真思考一下自己做出选择的理由，一并记录在纸上。

你做出的选择，体现出了你怎样的性格特点呢？

根据前文的叙述，想必广大读者都选择了一种生意，并写下了之所以做出这种选择的理由。下面，我将向大家解释这个调查问卷所代表的具体含义。

实际上，这个调查问卷并没有一个标准答案，它的真正意义也不是让大家选择所谓的"正确答案"。无论选择生意A、B、C、D中的哪一个选项，在某种意义上来看，全都可以算是"正确答案"。真正重要的是你做出选择的"依据"到底是什么。

实际上，我在很多不同的场合都会拿这个调查问卷来让人们选择。下面，我们先看一下调查结果。大体而言，多数人都会选择生意A或生意B，只有少数人会选择生意C或生意D。无论在哪个地方做问卷调查，结果几乎都是一样的。但是有一点需要特别注意，那就是实施问卷调查的群体不同，选择各个选项的"比例"也存在一些差异。关于这一点，我将在下文中进行分析说明。

你是属于多数派，还是属于少数派呢？

下面，我将按照选项顺序，就选择四种生意所体现出的性格特点进行分析。

选择生意A的人往往存在着保底心理，他们认为做出这种选择"绝不会沦落到没有任何利润的境地"，也就是说"最少也可以有1万日元利润"。其他三种生意，都会受到天气状况的影响，存在没有利润的风险。这就是生意A与其他生意之间的差异所在。

因此，如果你基于"最少也可以有1万日元利润"的考虑，选择了生意A，那么就可以判断你的决策倾向带有"最少也能获得一些利润"的保守主义色彩。从专业角度出发，这种决策方法被称为最大最小准则（Max Min）。其基本思路是小中取大，先找出各种情况下利润最少的情况，然后进行比较，从中选择利润最多的情况。

选择生意B的人认为，"在四种天气状况下的利润之和中，生意B的数值是最大的"。实际上，如果将生意B在各种天气状况下的利润加在一起是7（3+3+0+1）万日元。与之相对，生意A、生意C和生意D在各种天气状况下的利润之和的数值分别为6（2+2+1+1）万日元、6（2+4+0+0）万日元和6（1+5+0+0）万日元。也就是说，生意A、生意C和生意D的利润都是6万日元，均小于生意B的利润。

那么，这种"将所有可能实现的利润加在一起"的做法究竟有什么意义呢？为了更加清晰地说明这一点，需要进行一些深入的讨论。对此，我将在第二章中进行详细说明。在此，我希望通过下述方式简单进行解释，帮助大家有一个更为直观的认识。

如果你能够拥有四次机会，分别在四种不同的天气状况下经营生意。那么，你所得的总利润就应该是四次经营生意所获利润相加之和。在这种"分别尝试全部可能性"的"等概率准则"指导下，你选择生意B是完全合情合理的。

由于实际上你只有一次机会做选择，因此我们就选择更为简单直接的思维方式，也就是"单纯对四种天气状况下经营生意的利润进行平均"。在这种情况下，单纯平均就是求四种天气状况下经营生意的利润之和的平均值，也就是用利润之和除以4。按照这种算法，生意B的利润平均值是1.75（7÷4）万日元，而其他三种生意的平均值是1.5（6÷4）万日元。如果用一句话来概括，我们可以认为选择生意B的人"单纯对四种天气状况下经营生意的利润平均值进行了比较，并选择了其中最大的数值"。对此，下文还将进行详细说明，人们将这个平均值称为"期望值"。因此，选择生意B的决策方法又被称为期望值准则。

只有少数人会选择的生意

在剩下的生意C和生意D中，我先介绍相对容易理解的选择生意D的决策方法。生意D所蕴含的思维方式与生意B截然相反，它"将关注的重点全部聚焦在可能实现的最大利润上"。在所有生意中，可实现的最大利润为5万日元，也就是选择生意D并且天气状况为阴时。人们将这种"追求可能实现的最大利润值"的决策标准称为**最大最大准则**。其基本思路是优中选优，先找出各种情况下利润最多的情况，然后进行比较，从中选择利润最多的情况。

选择生意C的人，其逻辑是比较复杂的，常人不太容易理解。实际上，在进行问卷调查的过程中，也很少有人选择这个选项。

人们之所以会选择这个生意，是由于"后悔"这种思维方式发挥了作用。如果先从结果出发，向大家说明这种选择标准的实质，那么可以说，选择生意C是一种"可以将今后后悔的概率降到最低"的决策方式。

如果说得再详细一点，在选择其他生意（A、B或D）的情况下，大家关注的往往是"吃亏最大"情况下的损失。

当你选择生意A时，如果天气为晴的话，你可能会感到后悔，觉得"早知道当初选择生意B就好了"。因为如果选择生意B，在晴天的情况下，可以赚3万日元，现在自己选择了生意A，结果只能赚2万日元，丧失了多获得利润的机会。这种情况下的损失是1万日元。在经济学专业术语中，这种损失叫作"机会损失"。机会损失会将你做出其他选择时可能产生的利润差额计算为损失，这意味着现行选择所获收益小于已放弃选择可能获得的潜在收益。当天气为阴时，如果选择生意D，可以获得5万日元的收益，机会损失就是3（5-2）万日元。同理，当天气为雨时，机会损失为-1（0-1）万日元，相当于盈利了1万日元，可以忽略不计。当天气状况为雪时，机会损失为0万日元（选择生意B时机会损失最多为1-1=0万日元）。总结一下，选择生意A时的最大后悔值（最大机会损失）为3万日元。

在选择生意B的情况下，与选择生意D且天气为阴的情况相比，会产生最大后悔值，为2（5-3）万日元。

在选择生意D的情况下，与选择生意B且天气为晴的情况相比，会产生最大后悔值，为2（3-1）万日元。

在选择生意C的情况下，无论天气状况如何，后悔值都是1万日元（3-2、5-4、1-0、1-0），因此最大机会损失就是1万日元。与选择其他三种生意相比，其最大机会损失是最小的。也就是说，选择生意C的后悔值是最小的。

由此可见，将后悔值降到最低以防出现"后悔药没处买"的情况，与"将最大机会损失控制在最小范围"的想法是完全一致的。因此，人们将这种决策标准称为**最小机会损失准则**。这一理论最早是由著名学者沙万奇（本书中将多次提到的关键人物）提出的，因此学术界往往将其称为"沙万奇准则"。

综上所述，选择生意A的决策是基于"希望追求最差局面的数值结果最小化"的思维方式，选择生意B的决策是基于"希望实现最大平均值"的思维方式，选择生意C的决策是基于"希望将后悔值降至最小"的思维方式，选择生意D的决策是基于"希望追求最佳局面的数值结果最大化"的思维方式。

会做出截然相反选择的记者和审计人员

通过上文的介绍，我想大家应该对调查问卷中四种生意对应的四种决策方法有了初步的认识和了解。顺便提一下，迄今为止，我已经在许多场合针对不同的群体实施了上述问卷调查，并且对结果进行了粗略的分析。

在大多数群体中，选择生意A的人约占总人数的70%，选择生意B的人约占30%，几乎没有什么人选择生意C和生意D。关于选择的理由，除了生意C以外，与上文解释过的准则基本吻合。

从这个结果可以看出，人们在决策时往往会慎之又慎。正如刚才所提到的那样，选择生意A的意图是"考虑到最严峻的局面，并希望尽可能将其影响降到最低"。许多人往往并不在意最好的局面，而是将关注的焦点放在了最严峻的局面上。此外，那些不在意最差局面的人，往往也不会去考虑最好的局面，而是将关注的焦点放在了平均值上。这是大家拥有的一种共识。

但是，当参加问卷调查的群体是从事某些特定职业的人时，问卷调查也会出现一些出乎意料的结果，这一点非常有趣。

我曾经在东京大学高新科学技术研究中心举办的面向记者的研讨会中发表过关于决策理论的演讲。当时，我也对出席的听众实施了问卷调查，结果令人大吃一惊。与普通群体相比，有相当大比例的记者选择生意D，也就是按照"将关注的重点全部聚焦在可能实现的最大利润上"的最大最大准则决策。我认为，从某种意义上讲，这体现出选择记者作为职业的群体具有的一个特点——他们多是"乐天派",并且非常愿意冒险。普通人群在意的是"最差的结果",认为"天降好运"发生的可能性很低。与之相反,记者则乐于相信"天降好运"是非常有可能发生的。从好的角度来看,这个群体中必然会出现许多"轰动一时"的人物。

当参加日本审计协会组织的演讲时,我也实施了同样的问卷调查,发现了与记者群体的选择完全相反的结果。审计人员是对企业财务和业务进行审计的群体,他们工作的目的是防止企业违规经营和投机舞弊。在对这些人实施问卷调查时,几乎所有人都选择了生意A。这说明他们几乎都按照"考虑到最严峻的局面,并希望尽可能将其影响降到最低"的最大最小准则决策。他们真不愧是监督企业安全、正规运营的群体。我认为,之所以出现这样的情况,是因为审计人员往往有考虑最坏情况的职业习惯,因此他们依据最大最小准则做出选择,也养成了谨慎行事的决策习惯。

试着从"数学角度"出发思考问题

在上文中,我介绍了决策的四个基本准则。读过之后,想必广大读者也会感到眼前一亮,甚至会从中发现自己的思维方式，从而反思出自己一般容易做出怎样的决策。

但是，你有没有想过，正是因为受到这些决策习惯的影响，自己才经历了不少挫折和打击。如果大家想了解究竟是哪些性格特点导致自己总是陷入失败之中，光是知道自己惯于使用四种决策方式中的哪一种是远远不够的。

关于从这些准则中衍生出来的问题，我们需要明确两点：一是各种各样的准则分别在哪些情况下最为有效；二是为了尽可能广泛地应用这些准则，应该预先掌握哪些数学概念。

为了说明这些问题，我们需要再分析一下生意B。这是四种天气状况下利润平均值最大的生意。所谓"平均"是指用四种天气条件下生意的利润之和除以4。这里遇到的问题是：为什么用4来除？在这种计算方法的背后，暗藏着"四种天气发生的概率均等"的思维方式。也就是说，出现晴、阴、雨、雪四种天气中任何一种的概率都是四分之一。这样一来，在选择生意B的人的脑海中，就会出现"概率"这个数学概念。

然而，这里所谓的"概率"与通过数学课上学习到的普通的概率是完全不同的。我们从数学课上学到的概率，往往是与卡片、彩球和骰子等客观物体有关的。比如在袋子中分别放入大小、尺寸完全相同的红、蓝、黄、黑四种球各一只，如果从这些球中抽出一只，则抽到红球的概率为四分之一。然而，生意B中计算出的"概率"，并没有这种客观性。这是因为究竟会出现晴、阴、雨、雪哪种天气，是缺少像彩球那样的客观信息支持的。

在缺少客观信息的情况下，分配"概率"的理论被称为"主观概率理论"。这是一个崭新的研究领域。为了充分理解期望值准则这一潜藏在生意B背后的概念，我们需要先了解主观概率。关于主观概率，我将在第二章中详细介绍。

下面，我们来看一下生意A。正如之前提到的，在做出选择这个生意的决策背后，暗藏着"设想最差局面，并在这一条件下实现最大利益"的思维方式。这种最大最小准则也面临着一个非常棘手的问题：究竟在什么情况下，才更适合使用这一准则呢？

我认为首选的答案就是博弈论涉及的情况。在两个玩家对决的游戏中，充分体现了采用这种最大最小准则的必然性。关于这一点，我将在第三章中进行详细说明。

此外，最大最小准则在其他领域也备受关注，比如在"主观概率理论"中，最大最小准则就扮演着重要角色。在社会生活中，我们经常要面对"缺乏完美分配概率的自信"

的问题。在这种情况下，我们需要提前考虑多种概率的组合，也就意味着"……可以……也可以"。这就为最大最小准则发挥作用提供了广阔的舞台。关于这种思维方式，我将在第九章中进行详细论述。

关于选择生意C的依据——最小机会损失准则（沙万奇准则），我将在第四章中进行介绍；关于选择生意D的依据——极富乐观主义色彩的最大最大准则，我将在第五章中进行介绍。

第二章

在学校学不到的"实用"概率
——期望值准则

概率真的就那么难吗?

在本章中，我将就生意和赌博中的行动选择准则，向广大读者分享基于概率分析的标准方法。

在第一章中，我列举了决策的四种基本方法。其中，选择生意B的标准是期望值准则。这是一种大家在中学就会学到的基本思维方式。所谓期望值准则，简单说来，就是"罗列各种可能性，考虑不同情况下的概率，之后使用概率计算并确定平均值"的方法。

尽管说起来简单，但是在许多人看来，要想真正理解这个准则还是存在相当大的难度的。对于大多数人而言，概率是一种"棘手的奢侈品"。一提到概率，恐怕大家都会想到在学校中学习的晦涩难懂的内容，比如排列组合之类的复杂公式、掷骰子、双色球等。它们留给大家的往往只有痛苦思考的记忆。

这么说起来并没有什么问题。在学校学习的概率，只是众多概率中的一种，被称为"数学概率"。其在数学领域研究方面，具有重要意义。但是，在日常生活和工作中，数学概率几乎派不上用场。

数学概率基本上是以"物质的对称性"为基础定义的。在掷骰子时，默认掷出六个面的概率是相等的。在抽双色球时，也是假设除了球的颜色存在红色和白色的差别以外，并不存在大小、尺寸和重量方面的区别。也就是说，除了颜色以外，红球与白球是"无差别"的。但是，在现实生活中，这种绝对的对称性、对等性和无差别性是很难实现的。

在这里，我要举一个有一定特殊性的例子，众所周知，作为物质主要结构的分子和原子是具有这种特性的，比如领带夹中的银原子和耳环中的银原子是没有任何区别的。因此，在研究分子和原子的物理学领域（统计物理学）中，数学概率是可以发挥作用的。但是，在我们的日常生活中，数学概率是几乎没有任何作用的纯粹的理论而已。

虽说如此，这并不意味着我们就完全不需要概率。本章下文中将要介绍的"统计概率"和"主观概率"就非常实用，它们在我们日常生活和工作中发挥着重要的作用。通过不断更新关于这些概率的认识，必然可以帮助读者提升自己的决策能力。

请先客观冷静地罗列各种可能性

在决策过程中使用概率时，大家应该在最开始时就完成的一个重要步骤就是"罗列各种可能性"。这么说起来似乎是理所当然的事情，但出人意料的是，在现实生活中，大家往往容易忽视这一点。

那么，为什么大家这么容易忘记"罗列各种可能性"呢？这是因为我们在学校学习概率时，各种可能性往往是事先就明确给定了的。比如在掷骰子时，大家事先都会了解掷出的结果有六种可能，即1~6点。在抽签的时候，设置的总签数和抽中的签数也是提前规定好的。但是，在日常生活和工作中，很少会出现这种明确给定可能性的情况。

比如与朋友约好在火车站的检票口见面，但是到了约定的时间，朋友一直没有露面。此时，你会怎么考虑呢？在你的脑海中，大概会浮现出两种可能性：一种是"他可能出门晚了"，另一种是"他可能路上遇到意外了"。然而，如果这种缓慢的思维方式考问题思，那么你绝对不能算是熟练运用期望值准则的行家。如果想更好地分析情况，你就不仅仅要养成思考更多可能性的习惯，还要去积极求证那些"几乎很难想到的可能性"，不做到这一点是不行的。

比如"他可能记错了见面的地点""他可能弄错了见面的时间""他可能把约会这回事完全忘了""他可能一开始就没打算赴约""他可能在来的途中遇到意外了""可能有人阻挠他来约会""可能是我自己糊涂,记错了约会的时间"等。

在专业术语中,这些"可能性"被称为基本事件(elementary event)或状态(state)。本书主要使用"可能性"这种通俗的说法,但是在需要特别强调时,本书也会使用"基本事件"或"状态"之类的术语。

综上所述,可以说**"认真罗列各种基本事件,是冷静决策的第一步"**。

许多人习惯于思考对自己有利的事情,对于那些对自己不利或者自己不想做的事情，则会下意识地躲避，根本不愿意动脑思考。这种选择性思考行为带来的结果就是人们都只关心自己想要的东西，根本不在乎对自己而言不重要的事情。如果朋友迟到了这件事对于你没有太大影响，那么可能你只考虑最开始提到的两种"可能性"就足够了。

但是，人生之中还会遇到许多事关今后发展的重大选择，比如升学考试、就业面试、大宗生意谈判、买房置业、求婚、大笔投资等。在面对这些选择时，如果遇到问题，就需要尽可能列出所有的可能性，尽量避免遗漏，这一点至关重要。这是因为当现实生活中真的出现被人们忽视的可能性时，局势往往已经发展到无法挽回的地步了。

但是，"罗列各种可能性"的能力也不是一朝一夕就能锻炼出来的。为了防止出现不得不突然面对重大决策的窘境，你最好从平时开始就注意思考，养成多尝试"罗列各种可能性"的习惯。

跳出思维定式的藩篱

此外，"罗列各种可能性"的习惯还有一个附带的好处——可以帮助人们保持冷静。

比如，如果到了约定的时间朋友还没来，你就武断地认为"肯定是他出来晚了，真是个粗心的家伙"，那么你根本不会再去想"是不是自己搞错了约定的时间"。如果能想到这一点，你就可以查找记录，再确认一遍。如果发现确实是自己搞错了，你就可以抓紧时间与朋友联系，并沟通解决方法。这是一种"跳出思维定式藩篱，冷静化解危机的行为"。

下面，我来讲一件自己亲身经历过的事情，那是我在大学执教时发生的事情。在一次期末考试阅卷评分的时候，我发现许多考生都答错了同一道题。题目本身只是要求填写具体的数字，但是大家填写的错误答案是同一个。这个错误答案与正确答案之间完全没有任何联系。那么，为什么错误答案出现的频率会那么高呢？这引起了我的注意。最开始时，我想到了最普通的可能性，那就是"只是单纯巧合而已"。但是，如此多的考生回答的错误答案都是一致的，恐怕这件事难以归因为"单纯巧合"。因此，我只能试着去思考其他的可能性。

接下来，我能想到的可能性就是"作弊"。实际上，这种情况之前就发生过，并不罕见。之前做出可疑答案的考生全都来自同一个体育社团，因此最终给出的结论就是他们肯定是通过某种"暗号"串通进行集体作弊。因此，我很容易就联想到这次的情况可能也属于集体作弊。但是，在保留这个看法的同时，为了更好地搜寻真相，我还试着考虑了其他的可能性。

对此，我能想到的还有"关于授课内容，有可能是不少同学在理解方面出现了同样的偏差"。虽然这种可能性极低，但是为了慎重起见，我还是试着去实际验证了一下，重新翻看了自己的教案。结果令我大吃一惊，我竟然从中发现了可能导致这种偏差的说明内容。于是，我又以存在这种偏差为前提，对错误答案进行了检查，最终发现确实存在偏差。

因此，在下一年的教案中，我特意对说明方法进行了修订完善。结果，在以后的考试中，答卷中再也没有出现那样的错误答案了。这充分证明了我发现的"可能性"是正确的。

概率的分布方法是自由的

关于"罗列各种可能性"的话题就暂告一个段落。下面，我们来谈一谈"概率的分布方法"。

我们先来回顾一下表1–1中关于四种生意的调查问卷。在填写问卷时，为了决定究竟选择哪种生意，需要对四种天气状况进行预测。也就是说,应该思考四种基本事件——晴、阴、雨、雪——各自"容易发生的频率",并以数值比例的形式表示出来。这就是所谓的"可能性的概率"。在实施概率分布时,需要遵守一个规律,那就是**所有可能性的概率相加结果为**1。如果用专业术语来表述,这叫作"标准化"。

只要遵守了这个标准化规律,原则上来说,无论哪种数值的分布方法都是正确的。例如,"晴"的概率等于0.4、"阴"的概率等于0.3、"雨"的概率等于0.2、"雪"的概率等于0.1,这是一种概率分布方法;"晴"的概率等于0、"阴"的概率等于0、"雨"的概率等于0、"雪"的概率等于1,这又是一种概率分布方法;"晴"的概率等于0.25、"阴"的概率等于0.25、"雨"的概率等于0.25、"雪"的概率等于0.25,这也是一种概率分布方法。这些分布方法都是合理的。

第一种分布方法表示按照"晴""阴""雨""雪"顺序排列的容易出现的天气概率;第二种分布方法表示"肯定会下雪"的预测;第三种分布方法表示"各种天气发生的概率相同"的推断。尤其是第三种分布方法,常常用于"缺乏判断哪种情况最可能发生的依据,并且也没有判断哪种情况最不可能发生的依据"的情况,因此这种"对所有基本事件分布相同概率"的情况被称为**无差别原则**。这一原则非常重要，著名的经济学家凯恩斯就将无差别原则视为概率论的中心（关于这一点，将在后文中进行论述）。

一旦完成对"基本事件"的概率分布，就可以确定所有"事件"的概率。"事件"是指"令基本事件集合产生附加含义"的内容，比如在"雨""雪"的集合中，可以附加产生"需要带伞"的意思。也就是说，"带伞"这个事件被定义为"雨""雪"的基本事件集合。事件的概率等于所属基本事件的概率之和。

以第一种概率分布为例：

事件"需要带伞"的概率＝"雨"的概率 ＋"雪"的概率＝0.2+0.1=0.3。

如上所述，只要遵守"标准化规则"，坚持所有基本事件的概率之和为1，那么概率分布在原则上就是自由的。但是，缺乏依据的随机概率分布是没有任何意义的。由此可见，如何选择"依据"是一个重要的问题。

利用历史统计结果

选择依据的最具代表性的方法就是"利用历史统计的结果"，比如在预测指定的某一天的"晴""阴""雨""雪"四种基本事件的概率分布时，就可以"利用关于天气的历史数据"进行分布。

下面，我们以天气预报中的"降水概率"为例进行说明。一般来说，次日的降水概率可以按照下述流程确定：首先，抽取预报对象日前一天的气压分布图，并从历史数据中选择出现过同一气压分布图的日期。为了减轻对比工作量，可以抽取100天的同类数据。其次，统计其中第二天降水的天数，假设有40天是降水的，那么此时应该预报的降水概率就是40%，见图2-1。

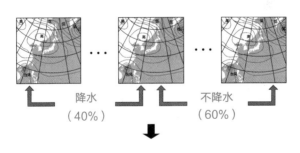

预报的降水概率为40%

图2-1　预报降水概率

那么，这种分布方法的精髓又在哪里呢？

在预测天气状况的"信息"中，气压分布是勉强算得上能够有效捕捉到的关键要素。如果气压分布状况不同，与之相应，可以判断两天之间的降水概率肯定也不相同。但是，如果气压分布状况相同，在预测天气状况方面，使用历史统计结果就是比较好的手段了。也就是说，在气压分布相同的状态下，如同上文提到的掷骰子和双色球一样，人们在预测天气状况时，具备的条件是"没有任何差别"的。

接下来，就该轮到数学概率出场了。关于次日的天气状况预报，是从上文所述100张气象图中随机选择1张来确定的。从这种意义来看，究竟哪张气象图会被选到，其概率是相等的。在100张气象图中，有40张代表"降水"，有60张代表"不降水"。这样一来，选出来的气象图代表"降水"的概率就只能是40%。我们将使用这种统计方法分布的概率称为**统计概率**。统计概率是指针对"无法通过其他信息进行区分的事情"分布数学概率的方法。

虽然统计概率并不是像数学概率那样具有高度合理性的方法，但是如果能在适合的场景使用，有时还是能够很好地发挥效果的。比如19世纪的英国工程师约瑟夫·贾格尔就曾经在1873年雇用六名助手记录赌场轮盘游戏转出的数字。他对这些数字进行统计分析后，发现其中九个数字出现的频率要远远高于其他数字。他通过大量集中投注这九个数字，赢

得了巨额奖金。可以说，这是证明统计概率发挥作用的经典
案例。

然而，在使用统计概率的情况下，需要注意一个隐藏
着的重要前提条件，那就是**"关于诱发事件的机制，无论是
过去发生的机制，还是今后要发生的机制，其在本质上都应
是相同的"**。比如关于"降水"这一气象学方面的机制，如
果其过去和未来的机制是完全相同的，那么上文所述降水概
率的天气预报就具有客观必然性。然而，从根本上讲，地球
的气象环境是在不断变化发展的，如果诱发降水的机制发生
了根本性的变化，那么再使用历史数据进行判断就没有任何
作用了。我们将根据历史经验预测未来的方法称为"归纳推
理"。关于这种归纳推理的问题，将在第二部分第六、七章
中进行详细论述。

从同样的观点来看，刚才提到的贾格尔投注轮盘游戏
的策略之所以能够成功，也是因为"他投注的是同一个轮
盘"。实际上，对于贾格尔不同寻常的赢钱方式，赌场也极
度怀疑，他们采用更换轮盘的方式进行应对。当然，在更换
了轮盘之后，贾格尔的策略就不再有效了。

当信息的信任度不明确时

在使用统计概率时，还有一点必须严格遵守，那就是"核对数据背后的信息是否准确合适"。以刚才提到的降水概率为例，其成立的前提是：对于"降水"这个现象而言，"气压分布状况"是至关重要的本质性信息。并且，这个前提只能通过天气预报的准确率进行验证，除此以外没有其他方法。同样，关于贾格尔采取的轮盘游戏策略的有效性，也是通过"他确实赢得了巨额奖金"这一事实得以证明的。不得不说，无论哪种情况都属于自我循环、自我检验。

物理定律是可以通过补充实验进行验证的。也就是说，由于物体具有重现性，因此可以实施补充实验进行确认。但是，天气预报和经济预测不具备重现性，无法实施同一条件下的补充实验，因此只能通过自我检验进行评价，比如"由于预测准确，所以是正确的"。在这种情况下，"无论到了什么时候，法则都跳不出经验法则的范畴，无法提前预测哪些判断是错误的"。在无法判断用于统计概率分布的数据是否合理的情况下，无论何时，概率分布的有效性都是值得怀疑的。然而，大家往往容易遗忘这一点，我们对此必须给予充分注意。

通过主观决定概率

统计概率是用于描述概率分布的典型方法。但是，在现实生活中，我们掌握的数据在很多时候是并不充分的。在这种情况下，大家可能会感到束手无策，但还是有工作可以做的。

那就是"通过主观适当分布概率"。如果大胆一点来说，那就是"看心情分布概率"。这种概率并未经客观数据或实验证明，只依赖于人的"主观判断"，因此又被称为主观概率。

在日常生活中，主观概率的使用频率很高。比如"可行的概率大概是八成""成功的概率大概有五成"等。前者的"八成"和后者的"五成"这些数值绝不意味着"0.8"或是"0.5"之类的精确的数值，而是仅仅代表发言者心目中的"关于可能性的大体印象"。从这种意义上来看，可以说这些数值带有一定的主观色彩。但是，这并不意味着它们就完全没有任何依据。前者要表达的意思是"从此前的经验看，大概率是行得通的"，后者要表达的意思是"就算根据此前的经验，也无法明确判断究竟是成功的可能性更大，还是失败的可能性更大"。一听到"主观概率"这个名词，总给人一种不靠谱的感觉。但是，实际上，它也是人们经过认真地逻辑思考，逐渐分析提炼出来的。在某种意义上，主观概率是具有合理性的。沙万奇就曾经证明过：**如果人们的行为选择满足了某种规律，那么他们选择主观行为的方式就与基于数学概率确定行为的方式是一致的。**

沙万奇准则是一个非常深奥的数学难题，在此我们尽量避免详细论述。为了帮助大家找到一点感觉，下面将举一个天气的例子进行简要介绍。

假设现在有彩票甲和彩票乙两种选择。无论是彩票甲还是彩票乙，发生"雨"和"雪"的基本事件时，奖金都是相同的，例如，发生"雨"时，都可以中1万日元；发生"雪"时，都可以中2万日元。

彩票甲和彩票乙的不同之处在于发生"晴"或"阴"的基本事件时，奖金不同，比如发生"晴"时，彩票甲可以中10万日元，彩票乙可以中5万日元；发生"阴"时，则恰恰相反。

关于彩票甲和彩票乙，假设你更喜欢甲。此时，再制作彩票丙和彩票丁，保持"晴"和"阴"时的奖金不变，仅调整"雨"和"雪"时的奖金（保持彩票丙和彩票丁中奖金额相同），例如，发生"雨"时，都可以中3万日元；发生"雪"时，都可以中4万日元。在这种情况下，针对新制作的彩票，你的喜好是没有任何改变，还是更加喜欢彩票丙呢？这是沙万奇提出的代表性规律：确定事件原则（sure-thing principle）。

沙万奇的确定事件原则在概率理论和统计学界掀起了一股新的风潮。下面，我将以沙万奇理论为基础，对主观概率的原理和使用方法进行说明。

使用主观概率的方法主要有两种：第一种是你亲自对各种事件实施主观概率分布，并以此为参考进行决策；第二种是你观察与你有利害关系的人是如何实施主观概率分布的，然后据此做出对自己有利的决策。

粗略比较"发生的可能性"

由于主观概率本来就是"主观"的，因此那些细微的数字差别是没有实际意义的。我们根本不必纠结出现"晴"的概率到底是0.4还是0.41，真正重要的是"对等性"和"概率大小"。

比如当依据主观感觉判断事件"发生的可能性"时，你一般都不会给出具体的概率数值，而是用比起某件事更可能发生（概率大小）或者与某些事都很可能发生（对等性）这样的方式来做出决策，这是非常正常的。

例如，当赌马时，如果你判断"A马进入前三名的可能性要比进不了前三名的可能性大"，则意味着"A马进入前三名的概率"对应的数值要大于0.5；当法官审理A、B、C三名犯人共同犯罪的案件时，如果法官觉得"C为主犯的可能性比其他两个人小"，那么，"主犯为C的概率"对应的数值就要小于三分之一。

如上所述，我们可以认为主观概率是以大小关系或对等性为基础，对基本事件发生的可能性进行概率分布的结果。实际上，沙万奇准则也是在这一框架的基础上构建的。

因此，如果你想使用主观概率对缺乏数据支撑的事件进行预测，那么针对各种基本事件，你可以根据自己的经验和思维逻辑先对"基本事件发生的可能性进行比较研究"，再分布能够满足相应大小关系和对等性的大体数值。即使你没有绝对把握分布严谨准确的数字，只要能够讲清大小关系和对等性，最起码也可以实现大体的概率分布。

当然，还有许多人对大小关系和对等性缺乏自信，并为此而感到迷惑。在这种情况下，还有更为灵活的推理方法，那就是基于多重先验和惊奇的方法，我将在第二部分中对其进行详细解说。

沙万奇主观概率准则的真正有趣之处在于看透了这些人的思维方式，他是按照下述方式思考问题的。

如果对人们的选择行为进行观察，你就可以从中洞察他对事件实施主观概率分布的模式。也就是说，只要仔细观察选择行为，你就可以看透人们内心设想的主观概率。

例如，针对价格和奖金额度完全相同的不同种类的彩票A和彩票B，某人选择购买了彩票A。这就说明他判断彩票A的中奖概率要大于彩票B；你与朋友打赌一顿晚饭，押巨人队对阪神队的棒球比赛结果，如果你赌巨人队赢，那就意味着你判断巨人队获胜的概率比阪神队获胜的概率大。

实际上，沙万奇正是基于这个考虑，用更为严谨的表现形式阐明了主观概率的概念，以使其适用于更为复杂的模式。也就是说，"在人的选择行为中，针对事件发生概率的主观期望发挥着重要的作用"。如果这些选择行为满足一系列条件，那么其与数学概率分布的结果之间就不会存在任何矛盾。也就是说，沙万奇并不主张人们有意识地过度运用主观概率，只不过希望阐明人们的行为与使用概率进行计算之间并不存在矛盾。

在前文提到的彩票的例子中，假设价格和奖金额度是相同的。但是，一般来说，彩票的价格和奖金额度是不同的。

即使是同一种彩票，也会分为不同的奖金档次。在这种情况下，人们是无法仅凭概率大小就判断究竟该买哪种彩票的。

为了发现应用范围更为广泛的判断标准，"奖金概率的平均值"就显得尤为重要了。**在专业领域中，将基于概率计算的平均值称为"期望值"。**下面，我们就来介绍一下期望值准则中的"期望值"的具体含义。

期望值究竟意味着什么？

为了简单进行说明，我们默认为这部分中提到的彩票都是免费的，仅考虑奖金的问题。

如果有彩票A和彩票B两种彩票，你很容易就能决定究竟该买哪一种。

· 彩票A：中奖概率为0.2，奖金2万日元；

· 彩票B：中奖概率为0.2，奖金3万日元。

由于中奖概率相同，那么购买中奖金额大的彩票B就是一个好的选择。

在下述情况下，你选择起来也不会有任何犹豫。

· 彩票A：中奖概率为0.3，奖金2万日元；

· 彩票B：中奖概率为0.2，奖金2万日元。

由于奖金相同，你当然是买中奖概率大的彩票A了。

真正会令人感到犹豫不决的是下述情况：

·彩票A：中奖概率为0.2，奖金4万日元；

·彩票B：中奖概率为0.3，奖金2万日元。

如果想要中更多奖金，你就应该选择彩票A；如果想要提高中奖概率，你就应该选择彩票B。在这种情况下，你会如何选择呢？

实际上，最自然的选择就是按照"比值"思考。与彩票A相比，彩票B的奖金只有一半。因此，如果想做到真正平衡，彩票B的中奖概率就应该是彩票A的2倍。但是，彩票B的中奖概率只有彩票A的1.5倍（0.3÷0.2=1.5），可以据此判断购买彩票A是合理的。

为了进一步强化判断标准的普适性，需要对比较的方法进行重新解释。在上文中对彩票奖金的比值和中奖概率的比值进行了比较，结果是4÷2＞0.3÷0.2，从而推导出了应该购买哪种彩票的结果。根据不等式计算规则，原不等式可以转化为不等号两端最外侧的数值相乘之积＞两端内侧数值相乘之积。因此，上述不等式相当于4×0.2＞2×0.3。这样一来，该不等式的左侧就变成了彩票A的奖金×彩票A的中奖概率，右侧变成了彩票B的奖金×彩票B的中奖概率。有鉴于此，

"彩票奖金×中奖概率"就等于购买彩票有望获得的收益。我们将其称为"彩票奖金的期望值"。如果按照这种方式进行定义，彩票A的奖金期望值就是4万日元×0.2=0.8万日元，彩票B的奖金期望值就是2万日元×0.3=0.6万日元。前者的期望值较大。因此，可以判断购买彩票A是更为合理的选择。

关于期望值的计算，我们还可以从其他视角出发进行合理的解释。

假设一个人连续N次购买彩票A，并且这里的N是个非常大的数字。如果购买同一彩票的次数足够多，那么实际的中奖比例就会相对稳定，与概率基本相同（这种现象被称为"大数法则"）。因此，可以得出实际中奖的次数=N×0.2。此时，赢得的奖金总额=4万日元×N×0.2。如果求取奖金总额的平均值，所得的每次平均奖金金额=4万日元×N×0.2÷N=4万日元×0.2。这与彩票A的奖金期望值完全相同。也就是说，彩票的奖金期望值是多次购买同一彩票时的"单次平均中奖额"。

"期望值"中的"期望"这个词源于英语单词expectation，有"预期、展望"的意思，与"期望"在日语中包含的"期待、盼望"的语义之间还有一定的差距，希望广大读者注意。实际上，我认为把expectation翻译成"平均预测值"才是比较合理的。

购买彩票究竟是一种多么赔钱的行为呢?

在设置多个奖金金额的彩票中,期望值等于奖金金额乘以中奖概率的总和。

比如彩票C中5万日元的概率为0.2、中2万日元的概率为0.4、不中奖的概率为0.6,其期望值的计算方法如下:

彩票C的期望值=5万日元×0.2+2万日元×0.4+0×0.6

=1.0万日元+0.8万日元+0=1.8万日元

这个期望值相当于多次购买彩票C时赢得的奖金总额的平均值。

我们以某年年终彩票的期望值为例,研究一下期望值的具体运用方法。这一彩票的奖金和中奖概率具体如表2-1所示。

表2-1 某年年终彩票的奖金和中奖概率

等级	奖金	中奖概率
一等奖	400 000 000日元	10 000 000分之一
一等特殊奖(前后奖)	100 000 000日元	5 000 000分之一
一等特殊奖(分组奖)	100 000日元	1 010 101分之一
二等奖	30 000 000日元	3 330 000分之一
三等奖	1 000 000日元	100 000分之一
四等奖	100 000日元	10 000分之一
五等奖	3 000日元	100分之一
六等奖	300日元	10分之一

分别计算一等奖至六等奖的奖金金额乘以中奖概率，然后将这些数值相加（小数点第四位以后四舍五入）：40日元+20日元+0.99日元+9.009日元+10日元+10日元+30日元+30日元=149.999日元。也就是说，如果花300日元购买这种年终彩票，每次平均只能获得接近150日元。当然，由于彩票的结果共计有九种（包括不中奖的情况），因此购买彩票其实是购买"可能发生变动的不确定的未来利润"。但是，彩票奖金的期望值，也是一种衡量"标准"。

如果从这种被称为"期望值"的"标准"来衡量，买彩票明显是非常亏本的行为。那么，为什么还有很多人会热衷于这种行为呢？关于这一点，我将在第五章中进行详细说明。

下面，我们将运用期望值准则，再对第一章中的调查问卷实施检验。

在那个调查问卷中，有一个显著的特征，那就是并未指明"晴""阴""雨""雪"的客观概率，因此只能使用主观概率。那么，又该怎样实施主观概率分布呢？

在调查问卷中，并未明确给出任何用来预测天气状况的信息。但是，从积极的角度来看，也没有设置任何干扰信息，甚至明确表达了"避免先入为主观念影响"的意图。如果读者朋友是生活在温暖地区的人,那么肯定会坚持认为发生"雪"的概率要低于"晴"。但是,对于那些来自严寒国度的人而言,可能就不会做出这种判断。在这个调查问卷中,我极力排除了所有先入为主观念的影响。

这类事件适用于凯恩斯提出的"无差别原则"。也就是说,针对"晴""阴""雨""雪"四种基本事件,分布的概率是相同的,即每种基本事件的概率都是0.25。在这种主观概率分布方式下,四种生意的利润期望值分别如下所示:

生意A的利润期望值=2万日元×0.25+2万日元×0.25+1万日元×0.25+1万日元×0.25=1.5万日元

生意B的利润期望值=3万日元×0.25+3万日元×0.25+0×0.25+1万日元×0.25=1.75万日元

生意C的利润期望值=2万日元×0.25+4万日元×0.25+0×0.25+0×0.25=1.5万日元

生意D的利润期望值=1万日元×0.25+5万日元×0.25+0×0.25+0×0.25=1.5万日元

如果对四个期望值进行比较,就会发现**从期望值准则角度来看,生意B是最有利可图的选择**。

在这种平均分布概率的情况下,如果上述计算都除以0.25,则:

生意A处理后的利润期望值=2万日元+2万日元+1万日元+1万日元=6万日元

生意B处理后的利润期望值=3万日元+3万日元+0+1万日元=7万日元

生意C处理后的利润期望值=2万日元+4万日元+0+0=6万日元

生意D处理后的利润期望值=1万日元+5万日元+0+0=6万日元

与"利润相加"时进行比较，应做出的选择的结果并未发生任何变化。实际上，在实施问卷调查时，许多人也做出了同样的判断，这是综合运用期望值准则和"无差别原则"做出的合理选择。

凯恩斯认为概率是符合科学逻辑的

在这一章的最后，我们再稍微了解一下凯恩斯的"无差别原则"。

凯恩斯是著名的经济学家，他的主要贡献是阐明了财政政策和金融政策在应对20世纪初期经济大萧条方面的有效性。但是，真正令人觉得有意思的是他的博士论文竟然是

《论概率》。他是研究主观概率理论的先驱，直接改变了人们对于概率的认识，将人们对概率关注的焦点从"数学概率"和"统计概率"转移到了"主观概率"上，因此备受学术界推崇。

凯恩斯认为"概率是根据逻辑推理分布的"（关于这一点，第六章的内容还会涉及，这条性质非常重要，因此请一定认真理解消化）。也就是说，他想要将概率纳入以逻辑公式（比如"A且B"或者"如果A就会B"等）为研究对象的符号逻辑学的研究范围。在这种观念的指导下，凯恩斯对"发生事件C的概率为0.2"这件事进行了定义，认为"在通过逻辑分析比对各种证据之后，发生事件C的信任度为0.2左右"。也就是说，对于凯恩斯而言，概率并不是历史数据中体现出来的"统计频率或比例"，而是"可信度和先验值"。在第八章将要重点介绍的D-S证据理论，也会用到这一观点。

凯恩斯从上述"可信度和先验值"中推导出了"无差别原则"。也就是说，从逻辑上讲，并没有证据证明"晴"明显比其他天气更可能出现或更不可能出现，其他天气也是同样情况。因此，可以得出所有天气状况发生的概率是相等的结论。反过来说，"各种天气发生的可能性是相等的"这个推理从逻辑上得到了支持。

这种以"可信度和先验值"为表现形式的概率，往往与我们的直觉是高度吻合的。比如在押注自行车追逐赛结果的赌徒中，可能有人会按照下述方式思考问题。

选手A是选手B的老乡，从资历来看，也是选手B的前辈。据说，选手B在崭露头角之前，经常被选手A带去喝酒，平时经常受到选手A的关照。选手A近期的比赛成绩并不理想，这场比赛的胜利对于他而言具有重要意义。与之相对，这场比赛的胜利对于选手B而言并没有任何意义。因此，选手B极有可能故意操控这场比赛的结果，牺牲自己的成绩，欺骗其他选手，故意"放水"让选手A获胜。也就是说，在接下来的比赛中，选手A将胜出。

在这一推理中，完全没有考虑数学对称性和历史数据。之所以得出"选手A100%会赢"的结论，全都靠逻辑思维来推导。

为什么可以说黎曼猜想①"基本上"是正确的?

此外,这种思维方式也出现在物理学和数学等的"猜想"中。比如迄今为止,著名的数学难题"黎曼猜想"仍未得到证明,它就像一座巍峨的山峰,吸引了无数数学家前去攀登,但谁也没能登顶。不过,许多数学家都坚信"黎曼猜想是正确的"。如果有人问他们:"黎曼猜想正确的概率大概有多少?"我想回答应该是"99%"。

这个数值并不是基于历史数据得出的结论。因为如果实打实地依据统计数据做出判断,其逻辑应该是"过去发生过100个黎曼猜想,其中99个是正确的",这就会令人感到很费解。如果换个思路,"通过对具体实例的计算或者其他数学素材,证明与黎曼猜想相类似的命题是成立的,那么就可以推测黎曼猜想本身也是正确的"。上文中提到的"99%"可能就是基于这种逻辑推理得到的数值。这就是凯恩斯所谓的作为"可信度和先验值"的概率。关于逻辑概率,我将在第六章中对其进行更为详细的论述。

---

① 黎曼猜想(Riemann Hypothesis)由数学家波恩哈德·黎曼于1859年提出的猜想。虽然在知名度上,黎曼猜想不及费尔马猜想和哥德巴赫猜想,但它在数学上的重要性要远远超过后两者,是当今数学界最重要的数学难题,当今数学文献中已有超过1 000条数学命题以黎曼猜想(或其推广形式)的成立为前提。

专题1

与损益计算相比，
驱动经济的主要是"人性"

　　罗伯特·席勒[①]是2013年诺贝尔经济学奖的三名得主之一，他的获奖理由是他在（股票等）资产价格的实证分析方面做出了先驱性的贡献。传统经济学家普遍相信资本市场吸收了各种可利用的信息，是非常高效的。但是，席勒通过自己的实证研究证明了资本市场在短期内是充满不确定性的，会发生急剧变动。他将市场急剧变动的原因归结为受情绪左右的投资家的投机行为。换句话说，**参与资本市场的投资者并不是理性的，而是感性的。**席勒正是基于这种观点开展研究，将心理学引入了经济学领域中。

　　席勒曾与著名经济学家乔治·阿克洛夫[②]合著了《动物精神：人类心理如何驱动经济、影响全球资本市场》一书。阿克洛夫构建了"信息经济学"这一全新领域，并因此获得了2001年诺贝尔经济学奖。顺便提一下，阿克洛夫的妻子兼研究搭档珍妮特·耶伦是美国财政部长，对世界经济的走向

---

① 罗伯特·席勒（Robert Shiller），美国著名经济学家。他在 2013 年因"资产价格实证分析方面的贡献"，与尤金·法马（Eugene Fama）、彼得·汉森（Peter Hansen）一同获得诺贝尔经济学奖。

② 乔治·阿克洛夫（George Akerlof），美国著名经济学家，2001 年诺贝尔经济学奖得主，美国加州大学伯克利分校经济学教授。

拥有巨大的影响力。

《动物精神：人类心理如何驱动经济、影响全球资本市场》是一本富于挑战精神的书，它使用不同于传统方法的方法论，对微观经济变化进行了细致的分析，向读者勾勒出了未来的经济发展蓝图。传统经济学往往将微观经济变动视为市场体系方面的问题，比如从事商品交易的商品市场和从事资产交易的金融市场等。然而，在《动物精神：人类心理如何驱动经济、影响全球资本市场》中，阿克洛夫和席勒首次尝试将微观经济变动理解为人的一种心理问题。

如果再详细一点儿说，他们在书中列举了一系列对人们经济活动产生影响的因素，比如信心、公平、腐败、违约、错觉、传言等。这与传统经济学中重视利润、收入、成本、现行价值、合同、利息等参数，并用来模拟经济活动的视角是迥然不同的。

也就是说，他们认为导致微观经济变动的诱因并非有形的损益计算，而是交织在人们决策背后的复杂的心理变化。如果《动物精神：人类心理如何驱动经济、影响全球资本市场》中的理论是正确的，那么这些理论将给经济学带来颠覆性的影响。

第三章

洞察充满不确定性的
未知世界的决策方法
——最大最小准则

事先设想最严峻的局面

在追求某种利益或者冒险采取某种行动时，我们一般都会在脑海中想象最坏的局面，比如"最少也能保住本钱""最多也就承担这种程度的风险""想要告白，就算被拒绝，也只是伤心一会儿而已，并不会因此而变得一无所有"等。不管是有意识还是无意识，在日常生活中，我们每天都会做出类似的判断。因此，正如第一章中提到的选择生意A的人，他们所依据的最大最小准则就非常自然地成了常用的判断准则。

我认为"最差也就是这种程度了"的理念是存在问题的，究其原因，"究竟允许差到什么程度"的容忍度是非常重要的。在评价事物时，我们更倾向于给出1或0之类的定性结论，而不是连续地（一点点地）跟踪观察，比如"如果被逼降薪的话，我就辞职""如果再这么请假下去，就不给你学分""如果再磨磨蹭蹭，就别坐公共汽车去了""如果现在不结婚，不如就此分手算了"等。

在日常生活中，当必须做出这种非此即彼的判断时，我们自然要先考虑"究竟能容忍到什么程度"。所谓明确容忍限度是指明确"底线"。概括起来，"底线"是指"最小利益"或"最大风险"。

比如表1-1中，选择生意A的情况下，最低收益为1万日元。换句话说，"不管发生什么情况（不管天气状况如何），必然会有1万日元以上的收益"。因此，我们也将1万日元称为生意A的保底值（security level）。这个数值是指采取某种行动后（或者未采取行动时），需要确保的最低利润值。有鉴于此，依据最大最小准则，我们应该选择保底值最大的行动方式。

安全资产与风险资产

在选择金融资产进行投资时，我们可能会无意间用到最大最小准则。

一般来说，股票属于风险资产，债券属于安全资产（尤其是国债）。这是为什么呢？

这里，需要大家先明确一个概念，持有金融资产的利润主要包括两个方面——收入收益（income gain）和资本收益

（capital gain）。收入收益是指可以持续领取的现金收入；资本收益是指金融产品增值（转卖之后）带来的收益。股票的收入收益是企业拿出的分红，是以每股固定份额的形式共同分享的企业部分利润。债券的收入收益是事先约定好的利息。

如果对收入收益进行比较，就会发现股票是有风险的，而债券是相对安全的。这是因为股票的分红要受到企业业绩的影响，充满了不确定因素，而债券的利息是事先约定好的，相对稳定可靠。也就是说，购买债券在绝大多数情况下可以拿到利息作为回报，其最小利润值是正数。与之相对，购买股票则可能面对零分红甚至亏本的风险。因此，从最大最小准则的视角出发，与购买股票相比，购买债券是更为合理的选择。

当然，如果发行债券的公司破产或违约，投资债券也可能血本无归。因为国债是国家发行的债券，所以购买国债几乎不会面临发行方"破产"的风险。但是，曾经发生的希腊债务危机表明购买国债也会面临一定的风险，需要大家特别注意。

此外，在20世纪末开始流行的金融衍生品[①]中，期权等

---

① 金融衍生品（derivatives）是一种金融合约，其价值取决于一种或多种基础资产或指数，合约的基本种类包括远期、期货、掉期（互换）和期权。

是明确规定了最小损失值的金融产品。比如以股票作为标的物的看涨期权①，投资者购买的就是约定期限内拥有买入相应股票的权利。如果股票的价格上涨，那么投资者就可以行使权利买入，如果股票价格下跌了，那么他也可以放弃购买的权利。在放弃买入时，他损失的只是购买期权时抵押的保证金。在这种情况下，最大损失值是固定的。可以说，这种新型金融产品为信奉最大最小准则的人提供了更为广阔的投资空间。

最大最小准则是过于保守的选择方法吗？

使用最大最小准则的优点在于不必过多考虑各种情况。使用最大最小准则，无论是客观上还是主观上，都不用在意如何去分布概率。第二章中曾经提到过，分布概率本身是非常烦琐的。从某种意义上讲，如果可以规避这个环节，那将是一种非常经济实惠的做法。

如果再往深一点看，使用最大最小准则甚至于不用再逐个思考各种基本事件（参照前文）了。比如在追求利润的情况下，除了利润最小的情况以外，只要认定"所获利润比最

---

① 看涨期权（call option），又称认购期权、买进期权、买方期权、买权、延买期权或"敲进"，是指期权的购买者拥有在期权合约有效期内按执行价格买进一定数量标的物的权利。

小利润大"，就不用再去认真考虑"具体大多少"的问题了。这样一来，就可以大幅削减由于思考而耗费的时间和精力。

但是，从另一个角度来看，这里列举的优点可能也是缺点所在。**最大最小准则是一种过于保守的准则。**不管怎样，这种准则将关注的焦点全部集中在了最差局面上，根本不在乎除此以外的其他利润（或损失）。因此，可以说，这是一种片面的、极端的判断。

比如有两种彩票，一种是"99%的情况下可以中10万日元，1%的情况下只能中1万日元"，另一种是"99%的情况下可以中3万日元，1%的情况下只能中2万日元"，如果依照最大最小准则，我们应该选择后者，因为前者的保底值是1万日元，后者的保底值是2万日元。

然而，如果冷静地思考一下，你就会发现"选择前者的话有很大概率可以获得10万日元的收益，而选择后者的话最多只能获得3万日元的收益"，这才是更为合理的逻辑。之所以选择前者，是因为担心出现发生概率极低的最差局面：只拿到1万日元的收益。但就是因为做出这种选择，才忽视了有很大概率可以获得的10万日元的收益，可谓是"捡了芝麻，丢了西瓜"。

此外，如果完全根据最大最小准则做出判断，就会出现

"无论如何也不会乘坐可能发生死亡事故的交通工具"的情况。在这种情况下，人们会丧失理性思考的能力，根本不去求证乘坐交通工具导致死亡事故的概率到底有多大，而是彻底放弃乘坐交通工具。

上文列举的两个选择是非常偏激的，根本谈不上合理。从这一点来看，最大最小准则是存在缺点的。

"风险"和"不确定性"之间的差异

上文探讨了最大最小准则的缺点，从中可以发现这一准则适用于概率不明的状况。

正如第二章所述，客观概率分布适用于"基本事件具有数学对称性的数学概率"或者"通过多次观测掌握统计性频率的统计概率"。然而，在现实生活中，我们面对的许多事件往往既缺少对称性，又无法掌握统计性频率。

比如在启用新技术时，人们根本不了解其诱发事故的概率。如果让我说对于日本人而言刻骨铭心的教训，那就是核电站事故了。在真正发生事故之前，人们根本无法搞清核泄漏造成放射性污染的概率到底有多高。下面，再举一个生活中更为常见的例子，在向市场投放新产品时，我们几乎无法预测消费者对这种产品感到满意的概率的具体数值是多少。又比如政府在施行某项政策时，根本无法想象其将会给国民行为带来怎样的变化，也无法预测国民采取各种行为的概率。

当然，关于这种情况，如果非要去做，也可以实施主观概率分布。但是，我们面对的事件越新，可用于推测的材料就越少，有时甚至于凭主观也难以实现概率分布。

从专业术语的角度来讲，人们将这种凭主观也难以分布概率的状况称为奈特氏不确定性[1]。这里所提到的奈特来自著名经济学家弗兰克·奈特的名字。弗兰克·奈特将可以分布概率的状况称为风险（risk），将无法了解概率的状况称为不确定性（uncertainty），并对两者进行了明确的区分。不仅如此，奈特还主张将许多与经济交织在一起的状况归为"不确定性"。

可以说，在面对奈特提出的不确定性的情况下，使用最大最小准则是合情合理的。关于奈特氏不确定性的内容，下文中还将多次提到。

---

① 奈特氏不确定性（Knightian uncertainty）指无法被衡量、不能被计算概率的风险，由经济学家弗兰克·奈特提出。在奈特的成名作《风险、不确定性与利润》中，他为风险与不确定性做出定义，主张风险是能被计算和评估的，而不确定性是无法被预先计算与评估的。此外，他还提出利润是来自不确定性的论点。

通过"博弈论"选择最合适的行动方式

最大最小准则最早出现在人们的视野当中是在博弈论领域。

博弈论最早是由数学家约翰·冯·诺依曼[①]和经济学家奥斯卡·摩根斯特恩[②]在著作《博弈论与经济行为》中首次提出的。在当时,博弈论是一种全新的数学理论,影响极为深远。这一理论将人类的行为全部视为游戏,并从战略博弈的视角出发对其进行论述说明。在正式提出后的70多年间,博弈论发挥着重要的影响力,不仅在数学领域影响深远,还在生物学、统计学、政治学等多个领域掀起了一场创新风暴。

[①] 约翰·冯·诺依曼(John von Neumann,1903—1957),美籍匈牙利数学家、计算机科学家、物理学家,是20世纪最重要的数学家之一。冯·诺依曼是布达佩斯大学数学博士,现代计算机、博弈论、核武器和生化武器等领域的科学全才之一,被后人称为"现代计算机之父""博弈论之父"。冯·诺依曼先后执教于柏林大学、汉堡大学、普林斯顿大学、普林斯顿高等研究院,曾担任美国原子能委员会会员、美国国家科学院院士。冯·诺依曼早期以算子理论、共振论、量子理论、集合论等方面的研究闻名,开创了冯·诺依曼代数。第二次世界大战期间,冯·诺依曼参与曼哈顿计划,为第一颗原子弹的研制做出了贡献。1944年,冯·诺依曼与奥斯卡·摩根斯特恩合著《博弈论与经济行为》。这是博弈论学科的奠基性著作。冯·诺依曼晚年转向研究自动机理论,著有对人脑和计算机系统进行精确分析的著作《计算机与人脑》(1958年),为研制电子数字计算机提供了基础性的方案。

[②] 奥斯卡·摩根斯特恩(Oskar Morgenstern,1902—1977),德国–美国经济学家,曾长期在维也纳大学讲授经济学。1938年纳粹德国吞并奥地利后,摩根斯特恩被迫离开奥地利来到美国,1944年加入美国籍。他在普林斯顿大学教经济学,并在那里度过了他的后半生。他热心于将数学应用于经济学,更广义地说,应用于人类的各种战略问题,以便获得最大收益和尽可能地减少损失。他认为这些原理也同样适用于哪怕简单得像抛掷硬币这样的游戏,因而提出了博弈论。

在博弈论中，博弈是由"玩家可以自由选择的行为"和
"与所有玩家分别选择的行为相对应的每位玩家的收益"构
成的。可以说，这是从社会上存在的纷繁复杂的各种博弈或
者带有博弈色彩的事物中，抽象剥离出本质性的内容，并进
行归纳总结的精髓。在这一基础上提出的博弈论是对各种玩
家应该选择怎样的行为进行阐释的理论。

在决定应该选择怎样的行为时，玩家要面对一个非常棘
手的问题，那就是每位玩家的收益并不仅仅是由自己选择的
行为决定的，还要受到其他玩家所选行为的影响。如果玩家
一个人的行为就能决定自己收益的大小，那么自然应该选择
对自己而言收益最大的行为。但是，如果考虑到其他玩家的
行为会对最终收益造成影响，每一名玩家就必须认真思考其
他玩家究竟会采取怎样的行为，并做出有针对性的决策。

令人感到困扰的是，这一理论同样适用于其他玩家。
其他玩家也要思考自己之外的玩家会采取什么样的行为。这
样一来，各位玩家之间就会交织产生"相互依赖"的复杂关
系。因此，在这种环境下，想要明确每位玩家应该采取的行
为绝非一件易事。博弈论的难度可想而知。

零和博弈①的机制

由冯·诺依曼和奥斯卡·摩根斯特恩最先提出的博弈，本质上是指两个人的零和博弈。顾名思义，在这一理论中，两个玩家展开博弈时，无论哪一方取胜，他们的收益总和始终都是零。也就是说，如果一位玩家的收益是x，那么另一位玩家的收益必定是$-x$。可以说，这是博弈当中最为简单也是最为典型的基本机制。一般来说，两支球队的体育比赛大都是典型的零和博弈。

为了更好地理解零和博弈，下面将举一个具体实例进行说明。

假设有两支队伍参加比赛，分别是队伍1和队伍2。我们将这两支队伍的比赛视为博弈。每支队伍只能从三种策略（上场队员、阵形、防守和进攻战术等综合在一起形成的方案）中选择一种。队伍1从a、b、c中选择一种，队伍2从d、e、f中选择一种，并运用所选策略进行实际比赛。这样一来，共有九种策略与得分组合。把这九种组合以表格的形式

---

① 零和博弈（zero-sum game），又称零和游戏，是博弈论的一个概念，与非零和博弈相对，属非合作博弈。它是指参与博弈的各方，在严格竞争下，一方的收益必然意味着另一方的损失，博弈各方的收益和损失相加总和永远为"零"，双方不存在合作的可能。

列出来，我们可以了解队伍1在各种策略组合下能够得到的
分数（或得失分差），如表3-1所示。

表3-1　队伍1在各种策略组合下得分表

单位：分

队伍1策略	队伍2策略		
	策略d	策略e	策略f
策略a	4	-1	-2
策略b	-3	0	3
策略c	3	1	2

比如当队伍1选择策略a、队伍2选择策略d时，如表3-1
所示，队伍1可以得到4分，根据零和博弈理论，队伍2的得
分自然是-4分。

此外，当队伍1选择策略b、队伍2选择策略d时，如表
3-1所示，队伍1的得分是-3分，与之相应，队伍2的得分就
是3分。

那么，在上述机制下，两支队伍究竟应该采取怎样的
策略呢？下面，我们将根据博弈论理论，分析参赛队伍的心
理，并进行论述。

如果静下心来思考一下，就会切实地感受到这是一个非
常棘手的问题。如表3-1所示，队伍1肯定希望获得尽可能多

的分数，因此拼命想扩大这一数字。与之相对，队伍2则希望这一数字越小越好。然而，由于彼此是竞争对手，要想同时满足双方的愿望，不另辟蹊径，采取特殊的解决方式是根本办不到的。

也就是说，假如队伍1单纯想拿到表中所列举的最大得分4分，那么队伍1应该选择策略a。但是，这种想法的目的性太过明显，很容易被队伍2猜透。如果队伍2提前判断到队伍1会选择策略a，那么队伍2肯定会有针对性地选择策略f。这是因为在队伍1选择策略a的前提下，队伍2选择策略f时可以得到2分（根据表3-1，当队伍1选择策略a而队伍2选择策略f时，队伍1的得分为-2分）。

但是，对于队伍2的这种想法，队伍1肯定也能猜到。如果队伍1提前预测到队伍2可能会做出这样的判断选择策略f，那么队伍1可能就会将计就计选择策略b，拿到3分。虽然这一得分比队伍1能够得到的最高得分4分少1分，但是在这种局面下，也属于上上之选了。

然而，队伍2也可能会猜到队伍1这种"以退为进"的策略，从而有针对性地选择策略d。就这样双方不停地斗智斗勇，最终会陷入无休止博弈的死循环。那么，冯·诺依曼和奥斯卡·摩根斯特恩是如何摆脱这个陷阱束缚的呢？

冯·诺依曼和奥斯卡·摩根斯特恩是这样认为的

为了避免出现上文中提到的陷阱，陷入无休止博弈的死循环，冯·诺依曼和奥斯卡·摩根斯特恩提出了下述思维方式。

由于博弈双方无法确切地掌握对方最终会采用哪种策略，因此应该放弃去猜测对方的选择。在这一前提的基础上，博弈双方决定所选策略的关键在于保底值，即选择某一行为时，最低能保证多少收益。

也就是说，两支队伍应该使用最大最小准则作为选择策略的标准。

下面，我将结合前文中提到的两支队伍的比赛进行具体说明，如表3-2所示。

表3-2　策略的保底值表

单位：分

队伍1策略	队伍2策略			队伍1的保底值
	策略d	策略e	策略f	
策略a	4	−1	−2	−2
策略b	−3	0	3	−3
策略c	3	1	2	1 (←最大值)
队伍2失分的保底值	4	1 (←最小值)	3	

第三章
洞察充满不确定性的未知世界的决策方法——最大最小准则

首先，我们试着从队伍1的立场出发思考问题，探讨队伍1是否应该选择策略a。在这种情况下，队伍1的分数自然会受到队伍2所选策略的影响。队伍2选择策略d、e、f时，队伍1选择策略a的得分分别为4分、-1分和2分，其中最低得分是-2分。因此，-2分就是队伍1选择策略a时的保底值，也就是保底分数。同样，当队伍1选择策略b时，保底值是-3分；选择策略c时，保底值是1分。在三个保底值中，最大的是1分。因此，对于队伍1而言，"选择策略c时，最差也能得1分"。换言之，队伍1"如果想达到1分的保底值，就应该选择策略c"。

其次，我们试着从队伍2的立场出发思考问题。对于队伍2而言，将表中数字的正负号颠倒过来，就是队伍2所得到的分数。因此，队伍2希望表中的数字越小越好。如果队伍2选择了策略d，那么队伍1选择策略a、b、c时，队伍2的得分就分别是4分、-3分和3分的相反值，即-4分、3分和-3分，其中最大失分就是4分。也就是说，不会有比-4分更少的分数。有鉴于此，4分就是队伍2选择策略d时的保底值。同样，在选择策略e、f时，队伍2的保底值分别是1分和3分。

因此，希望从表中选出的数字越小越好的队伍2，肯定会选择策略e。换言之，队伍2将不得不选择1分的失分（也就是–1分的得分）作为保底值，从而选择策略e。

在这种情况下，队伍1的目标是拿到保底值1分，队伍2的目标是拿到最少失分，也就是得–1分。可以说，双方的想法达成了一致。因此，当队伍1选择策略c、队伍2选择策略e时，双方都拿到了自己想要的1分和–1分，这种状况就是冯·诺依曼和奥斯卡·摩根斯特恩所提倡的博弈的结果，也就是所谓的均衡状态。

在这一分析过程中，作为比赛对手的两支队伍并没有只选择对于自己而言最有利的策略，而是将对方的利益得失纳入计算范围，并在此基础上做出了决策。另一方面，如果太在意对方的行为，自己的选择总是随着对方而改变，就会陷入无限循环的陷阱，影响最终的决策。如果两支队伍都能秉承"设想最差局面，并在这一条件下谋求最大利益"的理念，就可以避免出现无限博弈的死循环。

在这种情况下，我们将队伍1的保底值的最大值1称为最大最小值，将队伍2的失分保底值的最小值1称为最小最大值。冯·诺依曼和奥斯卡·摩根斯特恩提倡的博弈结果（均衡）就是这种最大最小值与最小最大值一致的行为组合。

按照混合概率选择行为

如上文所述，在冯·诺依曼和奥斯卡·摩根斯特恩提出的零和博弈的均衡状态下，博弈双方所选行为实现了各自的最大保底值。

但是，这里存在着一个不容忽视的问题——这种均衡并不是一种常态。

比如在"石头剪刀布"的游戏中，假设获胜方得1分，失利方得–1分，不分胜负（打平）时双方各得0分。在这种情况下，玩家A无论出剪刀、布、石头中的哪一个，其保底值都是–1分。因此，保底水平的最大值就是–1分。与之相对，玩家B的保底值就是1分。由此可见，双方的保底值是无法达成一致的（最大最小值=最小最大值）。这是因为一方失利，就意味着另一方取胜。

针对这种情况，冯·诺依曼和奥斯卡·摩根斯特恩提出了"按照混合概率选择行为"的理念。也就是说，玩家在选择时，并不仅限于单纯选择"石头""剪刀""布"，而是可以按照不同的概率组合选择出招的策略。比如采用"按照各0.5的概率选择出剪刀和石头"或者"按照0.6、0.3和0.1的概率组合，选择出石头、剪刀和布"等策略出招。在使用这种混合概率出招时，玩家的得分自然也就不同了。

比如玩家A和B都选择"不出布，分别按照0.5的概率出剪刀和石头"的策略时，玩家A得1分、玩家B得-1分的概率为0.25（A出石头的概率×B出剪刀的概率），与之相反，玩家A得-1分、玩家B得1分的概率也是0.25。双方各得0分的概率是0.5（A出石头的概率×B出石头的概率+A出剪刀的概率×B出剪刀的概率）。

在这种情况下，如果不明确规定如何计算玩家的得分，就无法实施具体分析。因此，冯·诺依曼和奥斯卡·摩根斯特恩就决定运用第二章中提到的期望值（概率的平均值）来解决实际问题。比如针对前面的例子，经过计算后，每位玩家的得分都是$1 \times 0.25+（-1）\times 0.25+0 \times 0.5=0$。

顺便提一下，在实际运用"不出布，分别按照0.5的概率出剪刀和石头"的策略组合时，其本身是不均衡的。这是因为当玩家A使用这一策略时，如果玩家B选择"只出石头"的策略，那么玩家A面对的结果"除了输就是平"，其得分的期望值就是负数。这样一来，A的保底值就变成了负数，而不是0。

在猜拳游戏中按照固定套路出招是非常不利的

冯·诺依曼和奥斯卡·摩根斯特恩提出这一概率组合行为的理论，证明了无论哪种形式的两人零和博弈，最终都存在一个均衡状态。比如在猜拳游戏中，**如果两位玩家都采用"按照各1/3的概率，选择出石头、剪刀、布"的策略，那么双方就处于均衡状态了。**这是因为玩家A选择这种策略后，不管玩家B选择怎样的概率组合，A的期望值始终是0。也就是说，A的保底值是0。此外，在使用其他概率组合的情况下，必然会出现选择"石头""剪刀"和"布"中某一个选项的概率高于其他选项的情况。比如，如果一方出"石头"的频率较高，那么另一方出"布"的概率就会相应增大，这样一来，其期望值就会变为负数。由此可见，除了"按照各1/3的概率，选择出石头、剪刀、布"的策略以外，其他概率组合的保底值均为负数。因此，玩家A的最大保底值就是"按照各1/3的概率，选择出石头、剪刀、布"时的数值。同理，玩家B的情况也是如此。

这一结果与我们日常生活中的直观感受是一致的。众所周知，在玩猜拳游戏时，出拳带有一定倾向性的一方，往往会输掉比赛。这是因为如果出拳的习惯容易被对方猜透，就会陷入不利的局面。有鉴于此，无论是从现实来看还是从理论来看，"按照各1/3的概率，选择出石头、剪刀、布"的策略都是猜拳游戏中依据最大最小准则制定的策略。这一结果非常有趣，值得大家玩味。

夏洛克·福尔摩斯与詹姆斯·莫里亚蒂

在柯南·道尔的著名侦探小说《夏洛克·福尔摩斯探案集》中，有一篇叫作《最后一案》（收录在《夏洛克·福尔摩斯回忆录》中），描写了福尔摩斯被宿敌詹姆斯·莫里亚蒂围追堵截的场景。当时，福尔摩斯几乎被莫里亚蒂所杀。他从维多利亚车站乘坐开往多佛的火车，准备逃往欧洲大陆。在火车即将驶离车站的瞬间，莫里亚蒂出现了，两个人四目相对。福尔摩斯预判了莫里亚蒂准备启用特快专列提前抵达多佛设伏的计划，于是在火车经停的坎特伯雷提前下车。这样一来，福尔摩斯就完美地躲过了莫里亚蒂乘坐的特快专列的奔袭追赶。

福尔摩斯经常利用自己的创造性思维解决问题。但是，这次在坎特伯雷提前下车的做法真的就是最佳选择吗？这是一个值得深思的问题。因为如果莫里亚蒂也看穿了"福尔摩斯想在中途下车"的想法,那福尔摩斯就只能束手就擒了。冯·诺依曼和奥斯卡·摩根斯特恩在《博弈论与经济行为》一书中也提到了这一问题。他们认为从博弈论的角度来看,福尔摩斯的判断(柯南·道尔在小说中描写的情节)是不合适的。他应该选择的策略是"乘车一直坐到多佛"和"在坎特伯雷提前下车"的概率组合。下面,我们来看一下他们的分析,如表3-3所示。

表3-3 下车地点组合的莫里亚蒂的收益值表

莫里亚蒂的下车地点	福尔摩斯的下车地点	
	多佛	坎特伯雷
多佛	100	0
坎特伯雷	−50	100

他们将福尔摩斯、莫里亚蒂双方较量的战场设定在特定的博弈框架内。

表3-3是从莫里亚蒂的视角出发总结出的损益得失表。无论是莫里亚蒂还是福尔摩斯,都有两种行动方案可以选择,分别是"在多佛下车"和"在坎特伯雷下车"。如果双方在同一车站下车,莫里亚蒂就能实现自己的阴谋,成功拦

截并杀害福尔摩斯。因此，在这种情况下，莫里亚蒂的收益值是100，而福尔摩斯则相反，收益值为–100。与之相对，如果莫里亚蒂在坎特伯雷下车，而福尔摩斯在多佛下车，那么福尔摩斯就可以从多佛前往欧洲大陆，从而顺利逃亡。因此，在这种情况下，莫里亚蒂的收益值是–50，而福尔摩斯的收益值是50。此外，如果福尔摩斯在坎特伯雷下车，而莫里亚蒂在多佛下车，那么莫里亚蒂虽然无法抓住福尔摩斯，但是可以阻止他逃往欧洲大陆。因此，从这个角度来看，双方打了个平手，各自的收益值均为0。

如表3–3所示，关于莫里亚蒂的保底值，在多佛下车时

为0，在坎特伯雷下车时为–50，因此其最大保底值为0。另一方面，关于福尔摩斯的保底值，在多佛和坎特伯雷下车时均为100，因此最小值为100。由此可见，两者之间的保底值是不一致的，无论采取哪种行动组合，都无法实现博弈均衡。但是，即使面对这种局面，只要能够合理采用概率组合的方式，依然可以实现均衡。关于这一点，或多或少会引起争议，下面，我将试着进行论证。

福尔摩斯究竟应该怎么办？

我们先从结论开始说起。按照最大最小准则，莫里亚蒂应该采用的策略是"按照0.6的概率在多佛下车，按照0.4的概率在坎特伯雷下车"；按照最大最小准则，福尔摩斯应该采用的策略是"按照0.4的概率在多佛下车，按照0.6的概率在坎特伯雷下车"。也就是说，在这一策略下，福尔摩斯应该准备10张纸，在其中的4张纸中写上多佛，在剩余的6张纸中写上坎特伯雷，然后，将这10张纸混合在一起，从中随机抽取1张，作为自己最终的决定，可以说，这是一种均衡的策略。

下面，我们将对这一结论进行分析论证。

为了更加具体直观地进行说明，我们假设莫里亚蒂在多佛下车的概率为0.1，在坎特伯雷下车的概率为0.9。然后，在这一条件下，尝试计算保底值，如表3-4所示。对此，我们只要从福尔摩斯的策略中，选择对于莫里亚蒂而言最差的一组即可。

假设福尔摩斯在多佛下车的概率为p（与之相应，在坎特伯雷下车的概率自然就是$1-p$），那么，针对四种结果，出现的概率具体如表3-4所示。

表3-4　莫里亚蒂的收益值表

莫里亚蒂和福尔摩斯下车地点的组合	概率	莫里亚蒂的收益值
多佛、多佛	$0.1 \times p$	100
多佛、坎特伯雷	$0.1 \times (1-p)$	0
坎特伯雷、多佛	$0.9 \times p$	-50
坎特伯雷、坎特伯雷	$0.9 \times (1-p)$	100

这样一来，莫里亚蒂的收益的期望值（基于概率计算的平均值）就等于概率乘以收益值相加之和：

$0.1 \times p \times 100 + 0.1 \times (1-p) \times 0 + 0.9 \times p \times (-50) + 0.9 \times (1-p) \times 100 = 90 - 125p$

由此可见，福尔摩斯在多佛下车的概率越大，莫里亚蒂的收益的期望值就越小。也就是说，对于莫里亚蒂而言，福尔摩斯在多佛下车的概率为1时，其承受的损失是最大的，此时的保底值最小，为–35（90–125）。

下面，我们再计算一下莫里亚蒂在多佛下车的概率为0.9，在坎特伯雷下车的概率为0.1（与刚才的情况正好相反）时的期望值：

$0.9 \times p \times 100 + 0.9 \times（1-p）\times 0 + 0.1 \times p \times（-50）+ 0.1 \times（1-p）\times 100 = 10 + 75p$

在这种情况下，福尔摩斯在多佛下车的概率越小，则莫里亚蒂的收益的期望值就越小，因此，当$p=0$时，保底值最小，为10。

有鉴于此，莫里亚蒂的保底值变化情况，具体如图3-1所示。

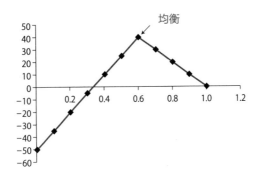

图3-1 莫里亚蒂的保底值变化情况

　　只要观察一下，就会发现莫里亚蒂的保底值是随着在多佛下车的概率而变化的，当概率从0增加至0.6时，保底值也随之增大，当概率大于0.6后，保底值开始持续下降。因此，莫里亚蒂的最大保底值就是在多佛下车的概率为0.6时计算得到的数值。也就是说，莫里亚蒂按照最大最小准则应该采取的策略是"按照0.6的概率在多佛下车，按照0.4的概率在坎特伯雷下车"。

　　关于福尔摩斯按照最大最小准则应该采取的策略，也可以按照相同的思路来考虑，如图3-2所示。

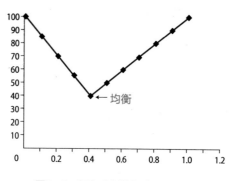

图3-2　福尔摩斯的保底值变化情况

　　到此为止，我们对最大最小准则的阐述就告一段落了。正如广大读者读过上文之后所感受到的那样，最大最小准则在不知不觉间影响着人们的日常生活，发挥着重要的作用。

此外，关于使用最大最小准则的有效性和合理性，也有着充分的依据支撑。尤其是在深入研究冯·诺依曼和奥斯卡·摩根斯特恩对零和博弈理论分析的基础上，无论是从行为选择的合理性来看，还是从数学必然性的视角来看，这一准则都是正当、合理的。

因此，我衷心希望读者有意识地使用或规避最大最小准则，从而灵活掌握更富战略性的行动指针，在日常生活中处理复杂问题拥有更为可靠的决策依据。

第四章

提前预判后悔状态的方法
——最小机会损失准则

变意料之外为预料之中

人们经常会为自己的选择感到后悔。这是因为大家总会预测"自己曾经擦肩而过的选择到底会带来怎样的结局"，并不自觉地产生"如果当初那样做了，就不会落到现在这种局面"的想法。

例如，当买了某件商品后，第二天亲眼看见同一家店在售的相同商品突然降价时，你肯定会后悔"早知道等一天再买就好了"；当开车出门遇到堵车时，你肯定会后悔"早知道坐地铁好了"；当卖掉的股票突然大幅上涨时，你肯定会后悔"如果当时不卖就好了，那现在就可以赚大钱了"。

虽然人们总是说"既往不恋"，但是通过后悔和反思，还是能够发现自己行为当中草率、冒失、缺乏考虑的问题。

在第一章中，我曾经向广大读者介绍过最小机会损失准则（沙万奇准则）。这一准则就是以"后悔"的心理状态为出发点和着眼点的，它提出的建议非常简单，概括起来就是

"针对未来可能发生的各种事态，都要提前考虑，事先评估自己选择某种行为后，将来是否会为此而感到后悔，具体又会后悔到什么程度"。也就是说，"要后悔在前头，提前感受后悔带来的影响"。

人们感到最懊悔的事情莫过于"突然发生了自己完全没有预想过的状况，并且为此蒙受了出乎意料的损失"。如果能够正确运用最小机会损失准则，至少可以避免遭遇"意料之外"的状况。这是因为在充分考虑所有可能发生的状况和由此带来的损失的基础上，人们可以做出更为合理的决策，从而降低将来后悔的风险。就算将来真的发生什么状况，人们也可以冷静对待。从这个意义上来看，运用沙万奇准则是非常有利的。

为什么恋爱时经常会用到最小机会损失准则?

可以说最小机会损失准则是平时基本用不到的准则。正如第一章中关于生意选择的调查问卷介绍的那样，几乎没有人选择生意C。这或许是因为人们往往想象不到"后悔"这种"属于未来的自己的情绪"。

然而，一旦涉及恋爱和结婚的问题，事情就完全不同了，我对这一点有深刻的印象。无论是从朋友那里听来的，还是看恋爱漫画和影视剧，人们往往都离不开为了避免"后悔"而选择决策的传统套路。其固定模式是：爱上了某个人→对是否应该告白感到迷惘→如果现在不告白，与对方会越来越疏远，将来肯定会感到后悔→干脆告白。女性在决策时，更容易出现这种倾向。不过，这并没有进行数据调查，只是我的主观感觉，因此无法确定真伪。

那么，普通决策与恋爱决策之间，究竟存在怎样的差异呢？

与购买商品和投资之类的决策不同，恋爱决策往往会涉及许多情绪因素，因此人们更容易通过想象真切地感受到自己未来可能产生的情绪。换句话说，关于恋爱，人们更容易"从未来恋爱时的自己的视角出发思考问题"，从而更真实地模拟未来的情况，有利于做出更为合理的决策。

因此，关于恋爱问题，曾经有过最小机会损失准则体验经历的人，应该勇于挑战，进一步扩大这一方法论的运用范围。我认为最重要的是养成良好的习惯，经常将自己置于未来可能发生的各种状况之中，认真体会在相应环境下的真实情绪变化，从而为决策提供直接的参考依据。

读大学究竟要付出多少成本?

　　机会损失是经济学领域经常用来换个角度思考问题的概念，是指"将用于既有决策的时间和精力投入到采用其他决策的行动中时可能获得的收益"。我们应该将其视为决策时付出的成本（cost）。

　　然而在现实生活中，大部分人根本注意不到机会损失的存在。比如，我经常在课堂上向学生提一个问题："你们知道为了上大学，自己要付出多少成本吗？"对此，大多数学生只是回答"要交学费"。也就是说，他们认为上大学四年间缴纳的学费就是"上大学的成本"。这是一种普遍的认

识，甚至连主修经济学和会计学专业的学生也不例外。由此可见，要想帮助大家意识到"机会损失"的存在是一件多么困难的事情。

实际上，他们忽视的是一个问题：如果一个人在高中毕业后，没有上大学，而是进入社会就业，那么在四年间究竟可以赚多少钱呢？假设每年能赚250万日元，上大学四年的成本就是学费加上1 000万日元。当然，如果劳动带来的痛苦大于学习的痛苦，就需要将这部分付出换算为对应的金额，并从总成本中扣除。

每当我做出上述解释后，学生们都是一脸惊讶的表情。这是因为直到此刻，他们才真正意识到读大学竟然要付出如此高昂的代价。

在自家商铺开店免付房租真的就是赚到了吗？

在租房经营的情况下，店主必须拿出一部分营业收入支付房租费用，因此会影响最终利润。有些人经常炫耀在自己商铺开店营业，没有房租费用，因此"赚到钱"，这也是忽视机会损失的典型代表。从经济学的角度来看，忽视机会损失是一个严重的认识误区。

比如，某人将自家的一楼改造成商铺，并对外出租。如果直接将商铺租给其他人而不是自己开店，这个人每个月可以收入20万日元的房租。如果这个人将商铺用于自己开店而不是租给别人，我们就应该将20万日元计入经营的成本之中。之所以这样计算，是因为这个人直接放弃了出租房屋可以带来的20万日元的预期收入。这也是一种机会损失。

为了帮助大家更加直观地理解这种"负租金"，我们可以思考一下当利润（营业收入扣除营业成本后的金额）低于多少时，应该停止经营。对于那些未将房租这一机会损失纳入成本考虑的人而言，只要利润为正值，就会一直经营下去。但是，这种观点实际上是错误的。当开店的月利润只有15万日元时，这个金额是低于20万日元的房租的，那么，这个人就应该立即停业，将一楼的商铺以20万日元的价格租给其他人。如果不这样做，就相当于为了15万日元的利润而眼睁睁看着20万日元的收益白白溜走，可谓是"捡了芝麻，丢了西瓜"。因此，从逻辑上来看，这种情况是处于亏损状态的。也就是说，如果开店的月利润低于20万日元，那么这个人就应该果断地停止开店。这与他提前将20万日元的房租列入经营成本，一并从营业收入中扣除，然后将剩下的部分作为经营利润，一旦这一利润变为负值，就立即停止营业的道理是一样的。如果按照这种思路来考虑，我们就更容易理解停止营业后出租商铺获得的房租会被列为成本的原因。为了简化说明，我们这里没有考虑这个人外出工作的潜在收益。

在日常生活中，有许多类似的机会损失，往往容易被大家忽视。比如，放在其他公司可以生产出更多产品的设备，如果被分配到生产力水平低下的公司，就会产生机会损失。原本在其他部门可以创造出10亿日元利润的员工，如果被分配到新部门只创造了4亿日元的利润，就会产生6亿日元的机会损失。

根据经济学理论，如果充分发挥市场自由竞争的作用，就可以合理配置生产要素，实现机会损失的最小化（在理想情况下，可以将机会损失控制为0）。这种配置资源的方法被称为生产要素的优化配置。然而，令人遗憾的是，在现实社会中，想要实现生产要素的优化配置是非常困难的。在经济学领域，这一现象被称为市场失灵[1]。政府机构等公共部门往往会出于综合考虑，制定影响效率最优化的政策，这是一个不得不面对的问题。

---

① 市场失灵是指在充分尊重市场机制作用的前提下，市场仍然无法有效配置资源和正常发挥作用的现象。

持有现金意味着机会损失

在投资领域中，持有现金就意味着会产生机会损失，这是一个常识。那么，持有现金的损失究竟是指什么呢？实际上，持有现金的机会损失就是利息。这是因为如果持有现金，就意味着放弃了将其存在银行或者购买债券所获得的利息。由于日本国内长时间处于零利率状态，存款带来的利息收益微乎其微。即便如此，只要有存款就会有利息收入。由此可见，将现金留在自己手中的行为确实会造成机会损失。

但是，我在这里想强调的事情与之前完全不同，绝不是试图向大家灌输"持有现金是一种愚蠢的行为"的理念。在经济学领域，认为人们持有现金绝不是因为他们愚蠢，而是因为得到了补偿机会损失的对等价值。

明确提出这一观点的是第二章中提到的著名经济学家凯恩斯。凯恩斯提出了流动偏好理论，认为当人们持有现金时，作为补偿利息的对等价值，可以享受到资金的流动性。也就是说，人们宁愿牺牲持有生息资产带来的利息收入，也要将货币留在身边，以确保使用资金的便利性。如果将个人资产变成定期存款或者购买债券，就会丧失一定的自由支配权，当自己需要使用时，也无法立即满足愿望。这就迫使人们不得不提前取款或者在市场上抛售债券，以获取现金。与之相对，如果持有现金，则可以随时购买商品和服务。资金这种可以"随时购买商品和服务"的性质被称为"流动性"。凯恩斯认为由于持有现金而造成的利息损失，完全可以通过资金的流动性给予补偿。

接下来，我要介绍的内容有些偏离本书的主题，可能会给人一种画蛇添足的感觉，但我还是希望与大家分享一下。凯恩斯曾经运用流动性的概念，对诱发经济危机的机制进行了分析。他认为在当时的社会条件下，出于某种原因，人们对资金的流动性具有很强的渴求，往往倾向于将现金放在手中以备不时之需。这样一来，作为流动性的对等价值（机会成本）的利息自然要随之升高。因为如果不通过提高利率刺激，根本就没有人愿意去存款或购买债券。这就会导致利率水平升高，直接影响企业投资。一旦利率超出企业可承受范围，举债经营的企业就会陷入亏损的窘境。随着企业投资热情的降低，对生产资料的需求会出现萎缩，人们的收入就会随之减少，经济就会陷入不景气的局面，甚至发生严重的经济危机。

如何应对全球气候变暖问题是"在不确定条件下的决策"

下面，我将介绍另一个很有意思的最小机会损失准则的应用实例——关于应对全球气候变暖问题的方法。

众所周知，从20世纪末开始，全球气候变暖成为备受瞩目的焦点。大自然敲响了警钟，如果像现在这样继续使用石油等化石燃料，随之排放的二氧化碳气体会加剧地球的温室效应，从而导致地表温度升高，诱发各种自然灾害。因此，国际社会通过了旨在削减二氧化碳排放量的《京都议定书》[①]。

针对全球气候变暖问题，不少学者持有怀疑观点。其中，丹麦的统计学家比约恩·隆伯格[②]就是反对派的代表人物。反对派的观点主要包括下述三个方面：首先，怀疑全球气候变暖本身就是伪命题；其次，认为即使全球气候变暖是真实存在的，也不是由二氧化碳排放导致的；最后，坚决反对全球气候变暖会导致自然灾害。

[①]　《京都议定书》的全称为《联合国气候变化框架公约的京都议定书》，是《联合国气候变化框架公约》的补充条款，1997年12月在日本京都由联合国气候变化框架公约参加国三次会议制定。其目标是"将大气中的温室气体含量稳定在一个适当的水平，进而防止剧烈的气候改变对人类造成伤害"。

[②]　比约恩·隆伯格（Bjon Lomborg），曾担任哥本哈根环境评估协会会长，哥本哈根商学院客座教授，著有《怀疑的环保论者》，强烈反对全球气候变暖的理论。

尤其是在气候门事件①之后，联合国政府间气候变化专门委员会②的信誉严重受损，主张"全球气候变暖是个惊天谎言"的气候学家开始不断发声，驳斥全球气候变暖的观点。

地球这样一个巨大的自然系统的运行机制是非常复杂的，单纯从物理学视角是难以完全解释清楚的，根本就不存一种可以精确预测地球未来气候变化的理论。因此，在无法确定全球气候是否正在变暖的争议声中，判断人类应该采取哪些对策措施，就成了"不确定条件下的决策"。在这种情况下，本书重点阐述的"决策理论"发挥着决定性作用。

无悔策略

在选择人类应对全球气候变暖问题的策略时，许多学者都提倡采取最小机会损失准则。

---

① 气候门（climate gate）事件，是指发生在 2009 年 11 月的多位世界顶级气候学家的邮件和文件被黑客公开的事件。这些邮件和文件显示，一些科学家在操纵数据，伪造证据来支持他们有关气候变化的说法。自此，人们的焦点开始转向全球气候变暖的可信度上。
② 联合国政府间气候变化专门委员会（Intergovernmental Panel on Climate Change，IPCC）是世界气象组织（WMO）及联合国环境规划署（UNEP）于 1988 年联合建立的政府间机构。其主要任务是对气候变化科学知识的现状、气候变化对社会经济的潜在影响以及如何适应和减缓气候变化的可能对策进行评估。

比如，日本学者佐和隆光在《防止全球气候变暖》一书中提到，应该采取最小机会损失准则应对全球气候变暖问题。下面，我将引用其中部分内容进行说明。

假设20年后发生灾害的概率不为0。我们无法通过实验判断这个概率到底是大还是小，即使科学认知水平不断取得进步，这也是难以彻底解决的问题。此外，20年后是否出现严重灾害并非重复发生的现象，因此这里所谓的概率并不是客观概率。从某种意义上来看，这更接近于主观概率。

佐和隆光认为针对全球气候未来变化趋势的预测属于主观概率，在这一前提下，使用最小机会损失准则是科学、合理的。针对气候变暖问题，节能减排和转变生活方式都是不发生费用或性价比较高的应对策略。我们将这种应对策略称为无悔策略（no-regret policy）。

为了公平起见，我再介绍一本反对地球气候变暖理论的学者的书——最具代表性的怀疑论者之一伊藤公纪的著作《全球气候变暖》。这本书中介绍了科学史家米本昌平先生的观点，他认为："到了22世纪，即使大家都认识到全球气候变暖的预测是一个错误，也能留给后人一大堆用于环保节能和防止自然灾害的技术以及装置。对于未来一代而言，所谓地球环境问题，总有一种幸运的威胁的意味。"当然，作为怀疑论者，伊藤公纪将这种想法讽刺地称为"善意的谎言"。

但是，在这一基础上，他又提出"如果不是日本将推进核电站建设作为应对全球变暖问题的措施，恐怕自己就会袖手旁观了"。这是因为"虽然采取的措施是为了防止全球变暖的问题，但是付出了建设许多核电站的代价，未来会为此感到'后悔'"。这是极富伊藤公纪个人风格的"最小机会损失准则"。伊藤公纪并不推崇"无悔策略"的理念，批评这是一种"倒退"的"阻碍进步的观念"。但是，他还是在某些方面对无悔策略给予了肯定，并且也应用到了自己的"反核电站理论"之中。

沙万奇是这样考虑问题的

正如第一章所述，最早提出最小机会损失准则的是20世纪的统计学家沙万奇。因此，这一准则又被称为"沙万奇准则"。

第二章介绍过，正是因为提出了主观概率这一划时代的思维方式，沙万奇成为享誉世界的知名学者。这一评价来自《统计学基础》（*The Foundation of Statistics*）一书。该书还对最小机会损失准则进行了说明。

沙万奇之所以会研究这一准则，是因为在统计学领域，决策准则是非常重要的主题。下面，我将就此稍做说明，以供参考。

统计学是基于搜集到的数据实施推测、分析的学科。比如，从死亡率的统计数据中，可以判断"是否由于某种环境因素发生了变化，导致许多人病亡"。通过对试验对象服用新药后的治愈率与服用安慰剂（与新药的外形看起来相同，但没有任何药效）后的治愈率进行对比分析，可以检验新药是否达到了预期的治疗效果。在这种情况下，如何对数据进行统计分析并做出结论是非常重要的问题。针对这一方法论开展研究就是统计学的工作。人们将通过数据推导出结论的方法称为"统计决策"。

20世纪的著名统计学家亚伯拉罕·瓦尔德[①]在统计决策领域做出了巨大贡献。有一个非常有意思的现象，瓦尔德深受冯·诺依曼和奥斯卡·摩根斯特恩的零和博弈理论决策思

[①] 亚伯拉罕·瓦尔德（Abraham Wald），罗马尼亚裔美国统计学家，1902 年 10 月 31 日生于罗马尼亚克卢日，主要从事数理统计研究，用数学方法使统计学精确化、严密化，取得了很多重要成果。其中最重要的两项成就是统计决策理论和序贯分析。在第二次世界大战期间，他为军需品的检验工作首次提出了著名的序贯概率比检验法，并研究了这种检验法的各种特性。他的专著《序贯分析》奠定了序贯分析的基础。瓦尔德对统计理论发展的方向有重大的影响。

维（请参考第三章）影响，坚持认为在统计决策方面，也应
采用最大最小准则。如果说得再详细一点的话，他主张将
"基于数据决策"的问题视为统计学家与"自然"之间的零
和博弈，应该坚持选择将最差结果转化为最有利局面的统计
决策方法，也就是最大最小准则。

受到瓦尔德研究影响的沙万奇并没有直接使用最大最小
准则，而是提出了最小机会损失准则。

针对统计决策的两大策略，应该如何进行选择？

下面，我将从沙万奇的书中，选择对瓦尔德与沙万奇思
维方式进行比较的实例，以明确两者之间的差异。请大家一
起思考一下下面的实例。

现在，让我们对是否投资某个生意做出判断。在投资
生意的情况下，如果是好天气，可以赚10万日元的利润。但
是，如果遇到恶劣天气，则要亏损10万日元（利润为–10万
日元）。如果不投资任何生意，无论是遇到好天气还是恶劣
天气，利润都是0。

在统计决策中，人们将这一博弈视为"自然与人之间
的零和博弈"。也就是说，人选择的行为包括"投资""不投

资"两种，自然选择的行为包括"好天气""恶劣天气"两种。在这种情况下，人的利润如表4-1所示，自然的利润与人的利润相反。

表4-1　人的利润表

单位：万日元

情况	好天气	恶劣天气
投资	10	−10
不投资	0	0

这种零和博弈思维的奇妙之处在于将自然想象为人，设想"自然也会采取行动，尽可能增加自己的收益"。也就是说，这是将自然视为与人博弈的玩家，想象它会想方设法阻碍人的行动。在大多数人看来，自然是没有生命的，对它而言根本就谈不上收益或受损，这是非常合理的想法。不过，由于缺乏足够的证据证明，可以说认为自然没有生命的观点也没有跳出主观判断的范畴。

如果将统计决策定性为人们积极主动创造针对某种博弈的有效策略的工具，对于利用数学框架思考问题是非常有利的。这种思考方式运用了博弈理论的成果，是非常难得的。因此，我希望大家姑且将这一过程理解为思维实验，将统计决策想象成"自然与人之间的博弈"。未来，随着研究的进一步深入，这一分析方法会逐渐被完善，最终必将被更为合理的方法论取代。我们就不再需要想象自然的损益了。科学就是在重复这种思维实验的过程中，不断取得发展进步的。

从瓦尔德的逻辑思维出发，在零和博弈中，人们应该依据最大最小准则选择行动方式，具体原因如下：

当人们采取概率组合的方式决策时，假设"投资"的概率为p，那么"不投资"的概率就是（$1-p$）。在这种情况下，最严峻的局面就是自然出现"恶劣天气"的概率为1时（也就是说，一定会出现"恶劣天气"，根据计算公式，在这种情况下，完全没有可能出现正值）。此时，人的收益期望值就是（-10万日元）$\times p$，这个值就是保底值。因此，为了实现最大保底值，人们应该将p值降到最低，也就是取$p=0$的数值。这就意味着，**人们应该选择的策略是"绝对不要投资"，也就是将投资的概率降为0。**

"沙万奇准则"则完全不同。这是因为沙万奇在思考问题时，着眼的是"后悔"的状态。实际上，当天气转好时，选择"不投资"的人就会感到后悔不已，觉得"早知道就投资好了，可以赚10万日元"。沙万奇主张应该将这种后悔值降到最低。那么，具体应该如何做呢？

我们应该先弃用收益表，改用机会损失作为对比数值的表格，如表4-2所示。

在选择"不投资"而出现"好天气"的情况下，可能会觉得"如果投资的话，可以赚10万日元"，因此机会损失就是10万日元。在选择"投资"但出现"恶劣天气"的情况下，就会觉得"早知道不投资了，如果不投资就不会亏10万日元"，因此机会损失就是10万日元。在其他情况下，由于选择是正确的，因此，机会损失就是0日元。

表4-2　机会损失对比数值表

单位：万日元

情况	好天气	恶劣天气
投资	0	10
不投资	10	0

在上述情况下，当人采取概率组合的方式决策时，假设"投资"的概率为p，"不投资"的概率为（$1-p$）。当自然选择对人而言最差的行动方式时，就意味着出现了人的最大机会损失。当p大于0.5时，如果自然选择"绝对是恶劣天气（概率为1）"的话，将出现最大机会损失，此时人的损失期望值为$10p$万日元。与之相对，当p小于0.5时，如果自然

选择"绝对是好天气（概率为1）"的话，将出现最大机会损失，此时人的损失期望值为10（1−p）万日元。

在p不小于0.5的情况下，最大机会损失10p万日元的最小值为p=0.5时的10万日元×0.5=5万日元。在p不大于0.5的情况下，最大机会损失10（1−p）万日元的最小值也是p=0.5时的10万日元×（1−0.5）=5万日元。因此，为了将人的最大机会损失降到最低，应该将"投资"的概率设定为0.5。

如果进行概括总结，就会发现在这一博弈中，人的最小机会损失准则相当于投硬币决策，即"试着投一次硬币，出现正面就投资，出现反面就不投资"。换句话说，就是"遇到2次机会，就应该投资1次"。在这一点上，沙万奇与瓦尔德之间的分歧显而易见。

在瓦尔德的最大最小准则指导下，由于担心投资时遇到恶劣天气的最差局面，因此投资者会选择绝对不投资的极端保守行为。与之相对，在沙万奇的最小机会损失准则指导下，投资者会提前考虑如果不投资却遇到好天气时后悔的情形，从而保留0.5的投资概率。

那么，你究竟是支持瓦尔德，还是支持沙万奇呢？

真正令人意识到后悔的是想象未来的自己

真正运用最小机会损失准则是非常困难的。正如大家通过之前介绍的实例所感受到的那样，其计算方法过于复杂。不仅如此，就算不考虑计算的问题，光是想想"未来可能要后悔"的事情就足够令人感到为难了。这是因为人只有在决策失败后才会后悔。因此，如果想体会后悔的感觉，就要以失败为前提，这与人们倾向于规避消极局面的本性之间存在深深的矛盾。

但是，当后悔成为过去时，人必然会随之成长进步，这是一个不争的事实。当一个人有过为醉酒之后的严重失态而感到懊悔不已的经历后，他肯定不想再喝醉了；当一个人有过由于一时之气搞砸了人际关系的经历后，再遇到令人生气的局面，他肯定也会想着冷静应对。

使用最小机会损失准则，就是要将这种后悔之后痛改前非的领悟运用到未来的生活中。经过反复训练，人们可以反思过去的自己，同样也能预知自己未来会感到后悔的事情。在这种直面自己未来困境的挫折训练中，或多或少会伴随着艰辛和痛苦，但从另一个角度来看，这也能帮助自己不断成长进步。

第五章

为了梦想孤注一掷 真的就行不通吗? ——最大最大准则

设想最为顺利的局面

在第一章介绍的决策方式中，最难说明的就是最大最大准则。在这种决策准则指导下，人们会"想象最理想的情况，并据此选择决策方式"。可以说，这是一种看起来近乎盲目乐观、缺乏思考的行动准则。

这一准则与赌徒的心理有许多相似之处。正如第二章中阐述的那样，如果根据期望值准则进行判断，无论哪种形式的赌博，都是"稳赔不赚"的选择。尽管如此，还是有许多人沉迷于赌博不能自拔。这究竟是为什么呢？

有一个用来描述热衷于博彩的人的心理——侥幸心理。侥幸心理主要用来表达人们冒险时希望获得意外收益的心情。高额的获奖奖励会激发人们的侥幸心理，刺激人们参与博彩。

当人们开始从数学范畴研究概率之后，关于大家参与博彩这种难以获利的亏本行为的原因，一直都是备受关注的焦点。在本章中，我将就这些问题进行说明，从而揭开"博彩"这一行为的真实面纱。

圣彼得堡悖论

第二章中有一个例子，说明了花300日元购买年终彩票的中奖期望值只有约150日元。如果用一句话简单地概括，这种博彩行为就接近于"花300日元买了150日元"。这样看来，购买年终彩票绝对是一种愚蠢的行为。当然，事情绝不是看起来那么简单。之所以这么说，是因为中奖奖金并不一定都是150日元，还有4亿日元、3 000万日元等各种不同等级。为了明确这种"浮动的未来收益"的衡量标准，人们提出了期望值这个概念。

但是，在所有的博彩项目中，奖金的期望值都要小于彩票售卖总额。这是彩票的发行方抽走了佣金的缘故。因此，如果将期望值作为标准，就意味着必须将博彩解释为为了获取负收益而采取的行为。自从17世纪布莱士·帕斯卡[1]和皮埃尔·德·费马[2]开始研究数学概率以来，数学家经常会挑

---

[1] 布莱士·帕斯卡（1623—1662），法国著名数学家、物理学家、哲学家、散文家，西方科学和思想界的重要人物，发明和改进了许多科学仪器，代表作包括《算术三角形》《思想录》等。
[2] 皮埃尔·德·费马，法国律师和业余数学家。他在数学上的成就不比职业数学家差，被誉为"业余数学家之王"。

战一个问题，那就是：**为什么人们会背离期望值准则呢？**

在使用期望值评价博彩行为而产生的矛盾中，存在着完全相反的模式。其中，最为著名的就是圣彼得堡悖论（Petersburg Paradox），它是由18世纪法国著名数学家丹尼尔·伯努利（Daniel Bernoulli）提出的。

下面，我们来思考一个掷硬币的游戏。如果游戏者第一次投掷成功，掷出正面，就可以获得2日元的奖金，游戏就此结束。如果掷出反面，可以再掷一次。当再次掷出的结果为正面时，可以获得4日元的奖金并结束游戏。如果掷出的还是反面，则允许再掷一次。如果再次掷出的结果为正面，则可以获得8日元的奖金并结束游戏。就这样不断循环下去，直至掷出正面为止，每多掷一次，奖金就翻一倍。

在这种情况下，当每次掷硬币的收费为多少时，你会选择投注呢？

如果是10日元，你会投注吗？如果是100日元，情况又会怎样呢？如果是1万日元，你还会投注吗？请大家先认真思考，想好自己的决定，然后认真阅读下文的说明。

为了回答这一问题，你的头脑中肯定会闪过这个念头："在投硬币时，最多会连续出现多少次反面呢？"

比如，对于那些认为"连续出现5次反面已经够多了"

的人而言，如果第6次掷到正面，累计的奖金就达到了64日元。因此，他们做出的判断很可能是：如果投注费只有10日元或20日元，完全可以参加；如果投注费达到了50日元以上，就不适合再参加了。

对于那些坚持认为"即使连续出现10次反面也没有什么值得惊讶"的人而言，他们预期能够获得1024日元以上的奖金，因此完全可以接受数百日元的投注费。

下面，我将运用期望值标准，向大家介绍一个令人惊掉下巴的答案，那就是"即使投注费达到1000万日元，甚至是1亿日元，你也应该去赌一下"。

请大家先浏览一下表5-1，以检验期望值的计算结果。

表5-1　掷硬币奖金的期望值

第×次时掷到正面	概率	奖金	概率×奖金
1	1/2	2日元	1日元
2	1/4	4日元	1日元
3	1/8	8日元	1日元
4	1/16	16日元	1日元
5	1/32	32日元	1日元
6	1/64	64日元	1日元
7	1/128	128日元	1日元
……	……	……	……

由于整个博彩游戏的奖金期望值等于每一个结果的概率与每一个结果的奖金之积相加，为了直观体现结果，我对其进行了列表对比。结果一目了然，无论掷多少次，期望值都是1日元。这是因为随着投掷次数的增多，以后的结果虽然概率很小，但是其对应的奖值越来越大。因此，所有投掷次数的期望值之和，也就是整个博彩游戏的奖金期望值，就会趋近于无穷大。也就是说，这种赌博的奖金期望值是无穷大的。这就推导出一个结论，就算投注费达到1亿日元，甚至1万亿日元，你都应该去赌一下。

伯努利认为这种结论是一种悖论。这是因为在现实生活中，无论什么人都不会去付出高到离谱的投注费。

也就是说，期望值的不合理之处体现在两个方面：一方面"即使大家都知道博彩经营者会抽取佣金，导致彩票奖金的期望值变为负值，还是有人会沉迷其中，不能自拔"；另一方面，圣彼得堡悖论从完全相反的角度出发，证明了人们并非按照期望值标准决策的。这是因为悖论揭示了一个事实：虽然从期望值角度来看以这样的方式博彩是一种绝对有利的选择，但实际上人们还是不想以过高的投注费去参与博彩的。

根据这一悖论，伯努利提出了一个疑问：期望值究竟是否适用于衡量博彩行为？

为什么人们会热衷于参加"稳赔不赚"的博彩呢？

人们为什么会违背期望值标准行动呢？

伯努利认为这是由于人们存在某种"感觉偏差"。

这可能是由于两种偏差导致的。**一是对概率本身的感觉偏差。**也就是说，人们可能没有接受用概率理解事情发生难易程度的理念。比如，从数值来看，与1/512的概率相比，1/1024的概率只有一半。但是，在实际生活中，人们不知道如何从直观感觉上准确把握这个"一半"的概念。**二是对奖金金额的感觉偏差。**也就是说，可能人们并没有将奖金的数值理解为账面价值。当奖金金额从1024日元增加到2048日元时，人们并不仅仅认为只是数值增加了"一倍"，还存在其他感觉。

但是，实际上，这两种偏差是不可分割的。这是因为期望值=概率×奖金金额，这里面既涉及概率，也涉及奖金金额。因此，正如圣彼得堡悖论所表述的那样，当出现期望值被低估的情况时，不管是由于低估概率的偏差导致的，还是由于低估奖金金额的偏差导致的，结果都是相同的。

因此，伯努利认为，为了解决悖论问题，应该站在上文所述的第二个立场，也就是，"低估奖金金额"的感觉偏差上来思考问题。当然，从低估概率的立场出发，道理上也可以解释得通。但是，作为一名数学家，伯努利显然不愿意触碰"概率"这一数学范畴概念的感觉偏差。相比之下，他更愿意研究"金额"这一日常概念的感觉偏差。这样一来，他所面临的思想斗争带来的压力也就变得更小了。实际上，在20世纪末，数学界也对概率的感觉偏差开展了研究。

伯努利认为"人们并不是基于奖金金额，而是以奖金带来的'愉悦感'为准则进行决策的"，并按照下述方式给出了自己的解释。

将人们赢得奖金金额的"位数"设定为中奖时的"愉悦感"，并将其作为判断期望值的标准。比如，当奖金金额为两位数时，无论是20日元，还是87日元，感受到的"愉悦感"都只有"2"（关于详细计算方法，针对奖金金额x，应取$\log 10x$作为评估"愉悦感"的标准。但是，为了便于说明，特做上述设置）。

在这种情况下，可以参照表5-2，计算"奖金带来的愉悦感"，而不是奖金金额的期望值。

表5-2　掷硬币奖金带来的愉悦感

第×次时掷到正面	概率	奖金	奖金带来的愉悦感	概率×奖金带来的愉悦感
1	1/2	2日元	1	1/2
2	1/4	4日元	1	1/4
3	1/8	8日元	1	1/8
4	1/16	16日元	2	1/8
5	1/32	32日元	2	1/16
6	1/64	64日元	2	1/32
7	1/128	128日元	3	3/128
8	1/256	256日元	3	3/256

在这种计算方式下，总的愉悦感不再趋近于无穷大了，而是有限的（约等于2）。这样一来，也可以找到更好地解释圣彼得堡悖论中提到的人们不想以过高的投注金额参与博彩的理由。

源于"意识偏差"的期望效用

如果对伯努利的理论进行概括，那就是人们产生了"感觉错觉"或"感觉惰性"，"即便到手的奖金金额翻番，体会到的愉悦感并未随之翻番"。因此，就必须将带有感觉偏差的期望值作为标准，而不是坚持将奖金金额的期望值作为标准。在经济学领域，人们基于感觉评价的"赢得奖金的愉悦感"被称为效用。在这一基础上，将"效用期望值"的计算结果称为"期望效用"。在圣彼得堡悖论中，奖金的期望值是趋近于无穷大的，但表现为奖金金额"位数"的"愉悦感"——"期望效用"是有限的。

使用期望效用还可以解释对博彩充满兴趣的赌徒的心态和行动。

比如，有一种掷硬币游戏的投注费是4日元，如果掷硬币出现正面，则参与者可以赢得6日元；如果结果是反面，则血本无归，拿不到任何奖励（0日元）。那么，按照期望值准则决策的人是永远不会参加这种游戏的。因为奖金的期望值为$0.5 \times 0 + 0.5 \times 6 = 3$日元，小于投注费4日元，属于典型的赔本买卖。

但是，如果是按照期望效用准则决策的人，可能会选择参加投注。对此，从理论上，是可以说得通的。假设金钱带给参与投注的人的效用是"奖金金额的平方"，那么上文例子中的结论就会出现反转。

实际上，在假设下，上述博彩游戏中的奖金的效用分别是：$0^2 = 0$、$6^2 = 36$。因此，期望效用$= 0.5 \times 0 + 0.5 \times 36 = 18$。

如果将投注费的4日元放在手里，那么产生的效用为4^2=16。两者相较，还是投注博彩时产生的期望效用18更大。

如果对之前论述的内容进行更为直观的总结，得出的结论就是：与奖金金额的增加相比，那些认为其带来的效用增加幅度更为明显的人，往往会愿意下注参与博彩。

当然，正如上文所述，通过概率的感觉偏差也可以说明相同的问题。总结起来就是：那些认为赢得大额奖金的概率高于实际概率的人，往往愿意下注参与博彩。

证明了"神的存在"的帕斯卡公式

从研究概率问题之初，将人们对概率事件的评估视为"愉悦感"的期望值并进行预测的思维方式就已经存在了。可以说，帕斯卡就是这一思维方式的鼻祖。

帕斯卡运用期望效用的思维方式，证明了"神的存在"，从而声名大噪。

证明"神的存在"是中世纪神学家毕生追求的梦想。为了证明这一观点，他们从逻辑上探索了各种各样的证明方

法，其中最为著名的
就是勒内·笛卡尔[①]
的论证。

与之不同，帕斯
卡提出了一个非逻辑
学理论的全新证明方
法。他认为通过下述
方法，可以坚定地展
开论述，证明神是真
实存在的。

也就是说，无论神存在的概率多小，也不会小到0的程
度。在神灵真实存在的情况下，效用（愉悦度）是趋近于
无穷大的。此外，当你坚持认为神是存在的时，即使最终
证明神是不存在的，其效用也是有限的负值。综上所述，
坚持认为神是存在的期望效用=$p \times \infty + (1-p) \times$ 有限负值
$= \infty$。另一方面，如果坚持认为神是不存在的，期望效用

---

① 勒内·笛卡尔（René Descartes，1596—1650），生于法国安德尔－卢瓦尔省的图赖讷，
病逝于瑞典斯德哥尔摩，哲学家、数学家、物理学家。他对现代数学的发展做出了重要的
贡献，因将几何坐标体系公式化而被认为是解析几何之父。他还是西方现代哲学思想的奠
基人之一，是近代唯物论的开拓者，提出了"普遍怀疑"的主张。他的哲学思想产生了很
大影响，并为欧洲的"理性主义"哲学奠定了基础。

最低不过就是0而已。由此，帕斯卡得出结论：人们应该相信神是存在的。这算得上是期望效用理论最为独特的应用方式。

博彩是"无中生有"的炼金术

如上所述，从作为多次投注的平均收益的期望值来看，参与博彩是欠缺思考的不理智行为。但是，如果不从金额的角度，而是从其带给人们的效用的期望值出发思考问题，博彩行为看起来似乎又是合情合理的，完全解释得通。

在认同这一解释的前提下，福利博彩事业就产生了经济学意义，那就是利用博彩这一机制的"无中生有"的"炼金术"。

下面，我们来分析一下赛马的例子。在赛马的赌资总额中，只有75%用作奖金分配给投注的人，剩余的25%则被提留作为主办方的收益和税金。关于这一点，如果不考虑赛马的娱乐属性，就相当于人们投注了100亿日元，其中只有75亿日元是返还给投注者的，剩余的25亿日元则要上缴给主办方和国家。然而，从期望效用的角度来看，人们能从赌马中感受到平时无法体验的愉悦感。

这是非常不可思议的事情。通过博彩从人们手里吸纳资金，借此给人们带去快乐，并且主办方和国家还能从中获得收益，听起来似乎是不合情理的。

之所以会出现这种情况，是因为向投注者重新分配奖金时存在变动性。开奖之后，有些人能拿到多于本金数倍的奖金，而有些人则会赔得血本无归，这种针对投注者重新分配奖金的"变动性"是非常重要的。如果"赌马的人投注100日元后，注定只能返还75日元"，那么在这种机制下，肯定没有人愿意投注了。

所谓"博彩"，就是利用人们这种性格特点"无中生有"的一种机制。因此，从古至今，博彩行业一直是国家严格管控的对象。

但是，通过博彩缴纳的税金，可以用于公益事业。在这一点上，对于整个社会而言，博彩也不是没有任何好处的。甚至有人认为，博彩是利用人们的心理偏差，创造社会福利的一种有效方法。

当然，如果陷入不加限制地过度追求博彩的误区，就会给人们带来致命的伤害，甚至导致整个社会走向混乱。正因为博彩具有强大的破坏性，所以我们不能放任不管，任其自由发展，这种倾向是极为危险的。但是，如果能够扬长避短，充分发挥博彩的积极特性，就可以"无中生有"，为整个社会的平安富庶做出贡献。

运用理论解释人们无法理解的行为

继帕斯卡之后，还有一系列运用期望效用解决问题的实例。其中最为著名的就是上文所述的伯努利对圣彼得堡悖论的论证和阐释。

进入20世纪之后，在进一步深化期望效用理论研究方面，出现了两个发展方向：一个是第三章中介绍的数学家冯·诺依曼和经济学家奥斯卡·摩根斯特恩的博弈论；另一个是第二章和第四章中介绍的沙万奇的主观概率理论。

这两项不同的研究从相同的理念出发，试图说明期望效用的合理性，也就是证明了下述观点的正确性：只要从某个个体中观察到的行为符合某项特定准则（又被称为公理）的规定，就说明该个体的行为与期望效用是一致的。在这两种研究中，无论哪个理论都有一个共同的特征：从个人的行动样式中抽象概括出存在于个人内心的效用（快乐或者感觉偏差）。

在冯·诺依曼和奥斯卡·摩根斯特恩正式提出期望效用的时候，人们普遍认为概率是客观的事物。但是，此后荣获

诸贝尔经济学奖的以色列数学家、经济学家罗伯特·奥曼[①]
和出生于英国、活跃于美国的统计学家弗兰克·安斯库姆，
运用期望效用的方法成功证明了主观概率的存在，并对其进
行了定义。与沙万奇提出的极为复杂的公理系统相比，奥曼
和安斯库姆的公理系统非常简单，具有明显的优势。

下面，我将介绍一个安斯库姆和奥曼提出的公理，以供
大家参考。它被称为"独立性公理"：如果与彩票甲相比，
你更偏好彩票乙，那么在彩票甲中按照一定比率混入彩票丙
后形成彩票甲A，在彩票乙中按照相同的比率混入彩票丙后
形成彩票乙A，在对彩票甲A和彩票乙A进行比较时，你会发
现自己仍然更偏好彩票乙A。

这种期望效用理论在说明人们无法解释的行为方面发
挥了重大的作用。它可以完美地解释为什么在依据期望值判
断绝对不利的情况下，人们仍然要去买彩票。此外，在金融
资产交易的背景下，这也可以说明个体之间是存在效用差
异的。

期望效用理论在研究不确定条件下的人类行为方面，具

---

① 罗伯特·奥曼（Robert Aumann）（1930—），以色列耶路撒冷希伯来大学合理性研究中心教授。因为通过博弈论分析改进了人们对冲突和合作的理解，他与托马斯·谢林（Thomas Schelling）共同获得了 2005 年诺贝尔经济学奖。

有非常强的说服力。从某种意义来看，它又有"无谓重复"的明显缺点，这是不可否认的事实。也就是说，这是将人们"热衷于博彩"的理由归为"在心理层面获得的效用"。但是，如果说得苛刻些，期望效用理论只不过是向大家重复了一个浅显的道理——人们之所以参加博彩是因为自己喜欢。如果我这样告诉读者，恐怕许多人都会说："这不是在说废话吗？谁还不懂这个道理呢？"

那么，我们应该如何在决策中充分发挥期望值和期望效用的作用呢？

我希望大家先明确一点，那就是之所以要提出期望效用的概念，是为了说明"人们有不按照期望值准则决策的习惯"。期望效用是人们的思维习惯，因此自己往往难以察觉，更不用说摆脱其影响了。退一步讲，就算人们发现了它的存在，也难以抉择究竟是否应该对其视而不见。但是，我要在这里提醒大家注意，明确每个人面对不确定条件时的性格、习惯和偏好是一件非常有意义的事情。这一方面可以帮助人们发现欺骗的陷阱，另一方面还可以帮助人们避免做出偏离人生轨道的危险行为。

当你面对彩票、金融产品、保险等充满不确定性的商品需要做出决策时，你应该先根据自己的直觉判断是否投资，然后计算这个商品的期望值。如果有客观概率，你应该利用客观概率进行计算；如果没有客观概率，你就应该利用主观概率进行计算。在将期望值作为判断准则的情况下，你应该试着确认投资和不投资的决定是否会发生逆转。即使不发生逆转，你也应该分析投资和不投资之间的偏好存在多大的差距。这样可以体现出你对待不确定性的习惯。

抓住"绝无仅有的机会"赌一次

无论是期望值还是期望效用，都属于"求取平均值的计算"，两者在这一点上是相同的。只不过期望值计算的是奖金本身的平均值，期望效用则是将奖金转化为其带来的效用，然后计算效用的平均值。

但是，如果将这种平均值作为选择行为的准则，可能会令人产生一丝疑虑。这是因为平均是以"多次行为"为前提的，但是人们一般都不会去赌很多次。

例如，如果某人一次性买入某一期的全部彩票，那么他面对的无疑是巨额的损失。这是因为彩票奖金的返还总额通常只有投注总额的一半左右。如果非要追根溯源的话，上文所述的"300日元投注额的期望值只有约150日元"，实际上说的就是这么回事。

然而，"一次性买入某一期的全部彩票"与"只买一张彩票"带给大家的感受是完全不同的。比如，当购买一枚附带动画角色的扭蛋时，那种对未知结果充满幻想的激动心情是难以言表的，根本不是买下整台扭蛋机里的扭蛋所能体会到的。

我对此有着深刻的体会，至今记忆犹新。那是一件我小时候放暑假时发生的事情，当时我正住在亲戚家里。他们家附近有一家糖果店，售卖装有玩具的糖果袋。我有个朋友买的糖果袋里面有件非常好玩的玩具，令我羡慕不已。我心里总想自己什么时候也能中上一个。

在我向亲戚说明了自己的想法后，他将糖果店里所有装有玩具的糖果袋都买了回来。当然，我心仪的玩具就在这些袋子里面。因此，我的愿望自然得到了满足，我拿到了自己想要的玩具。但是，当依靠这种方式实现了愿望后，我反而没有体会到那种从内心喷涌而出的喜悦。虽然当时我还是个孩子，但对这件事有深深的体会。

我想通过这件事向大家说明，在博彩中，"全部"和"一个"之间横亘着一个不可逾越的鸿沟。当判断是否应该参与博彩时，我们需要的最合理的理由并不是"买入全部彩票"的形式上的东西,而是"赌上一次试试"的心理。

从这种观点来看,无论是期望值准则还是期望效用准则,都难以准确地说明我们在博彩过程中的真实感受到底是什么。

在此,我们再回到之前提到过的"侥幸心理"的概念。

侥幸心理是指"憧憬幸运碰巧会降临到自己头上"的心情。受侥幸心理驱使而热衷于博彩的人并不认可平均化——将彩票全都买下的想法。事实上,他们的想法恰恰相反。在投注彩票时,他们往往心存幻想,希望自己足够幸运,只买一张彩票就可以真正实现人生"逆袭",彻底改变自己的命运。

根据概率理论,如果买10亿张,甚至是100亿张彩票,确实会中一等奖。但是,中奖之前在彩票上投注的总额肯定已经达到了中奖金额的数倍以上。对于普通人而言,连续购买10亿张乃至100亿张彩票是不可能的。实际上,在现实生活中,几乎也没有人会抱着"如果像这样连续大额投注,早晚有一天会中奖"的心态去买彩票。差不多所有人在投注时,都是坚信"下次或许就能中奖了"。

与之截然相反的是圣彼得堡悖论。根据伯努利提出的关于博彩的理论,如果投注的次数接近无穷大,确实能够赢得高额的奖金（比如说1万亿日元）。但是，人们并不认同这种观点，因为在有限的人生中，根本就不会有那种机会。人们关注的是自己下一次买的彩票是否会中奖。

使用期望值准则或期望效用准则之类的平均值判断准则的数学合理性，是以人生足够漫长，可以接近无限次地参与投注为前提的。但是，实际上，每个人的寿命都是有限的，大多数人的寿命只有短短的几十年，转瞬即逝。因此，这种基于平均值的讨论是没有任何依据，也是没有任何意义的。在"人生只有一次"的前提下，平均值准则是缺乏说服力的。与之相对，侥幸心理可以充分说明人们参与博彩的真正心理。

最大最大准则与社会背景

无论你有什么理由，将参与博彩的全体人员视为一个"整体"的观点都是极为不合理的。这是因为博彩活动的主办方做的是无本生意，希望通过"无中生有"的方式获得利润，这些利润显然都是从参与博彩的投注者身上赚取的。

如果从非群体和非平均化的视角出发，对人们热衷于博彩的性格倾向进行分析，最大最大准则就有实际意义了。这一准则"在做决策时仅考虑最为有利的情况"。也就是说，最大最大准则是人们在充满期待的心理状态下，坚持认为"虽然没有什么依据，但是肯定会发生对自己有利的事情"，并据此做出行为决策。虽然从理论上来看，几乎不会出现对所有人都有利的情况，但让所有人相信事情会对自己有利是完全可能的。人们并不会参考概率，也不会参考期望值。这是因为无论是概率还是期望值，都是多次性指标，而不是一次性指标。

我认为侥幸心理和最大最大准则与"社会结构"之间是不可分割的。如果单纯从数学合理性的观点出发进行判断，它们是完全不合理的事情，也是完全无法解释的。但是，在"社会结构"这一相对而言更为宏观的框架下，它们则具有必然性。

在现实社会中，大多数人都过着平凡的日子，挣着接近平均水平的工资，住着普通的住宅，过着柴米油盐酱醋茶的生活。这种生活状态决定着普通人未来的财富和生活水平。但是，彩票中奖可以给普通人的生活带来根本性的转机，彻底改变普通人对于未来生活轨迹的预期。普通人只要付出300日元的代价，就可能帮助自己实现"逆袭"，赢得一个崭新的未来。这种"急剧性变化"与概率和期望值根本不可同日而语。在这种情况下，人们脑海中所想的是自己作为"单纯个体存在"的"只有一次的人生"。可以说，这是一种与感觉偏差或概率偏差完全不同的人生观和生死观层面的概念。

在这里，我们再回到帕斯卡"证明神的存在"的话题来看一下，我认为他的思维逻辑是最接近我们所讨论的问题的。帕斯卡并没有直接说"神是存在的"，而是提倡"人们应该去相信神是存在的"。换句话说，他建议大家去试试博彩、赌赌运气。可以说，这是一种基于侥幸心理的理论。

珍惜仅有一次的人生，心怀梦想大胆去闯

博彩也分许多种类，我们无法用一种普遍适用的理论，统一说明人们参与各种博彩的动机。

比如，每天热衷于爬金库①的人明显要直接面对期望值的问题。这是因为如果认真进行统计，就会发现与赢得的返利金额相比，人们在这个游戏中付出的投注金额非常惊人。除了极少数的幸运儿以外，绝大多数人都会亏本。也就是说，期望值并不是预测值，而是变成了实现值。因此，针对

---

① 爬金库，又称柏青哥，在日本非常流行，1930 年始创于日本名古屋，发源自欧洲的撞球机。"柏青哥"字面上的意思是"弹子"，玩法是把钢珠弹射到盘面里，钢珠在落下过程中会不断碰撞盘面里的钉子，从而改变轨迹。如果钢珠能落入指定的位置，游戏者就能获得奖励。

频繁参与像爬金库这样的博彩游戏的人，与其从合理性的视角出发进行分析说明，不如就像对待嗜酒成性的人一样，单纯地将其定性为某种病态心理更为合适。

然而，在"人生只有一次"的背景下，我们不能盲目地认为带有冒险赌博色彩的决策就一定是不合理的。人生无法重来，不能在重复成百上千次的基础上进行数据统计分析。因此，面对只有一次的人生，有些人去做一些高风险的尝试也是可以理解的。

如果在大学任教，你就会发现不少学生在面对未来的职业选择时，会倾向于做出赌博性的决定。他们将这种行为称为追梦。大家的梦想五彩斑斓、各不相同，有的人希望成为音乐家，有的人希望成为游戏开发设计师，有的人希望成为动漫画家，有的人希望成为演员……根据大学的"职业生涯规划"课程的内容，这些选择被视为鲁莽的、缺乏慎重思考的决定。通过教育引导学生树立认真选择就业岗位的意识，这已经成了主流观念。

然而，我并不赞成这种所谓的"职业生涯规划"。诚然，强调追求梦想的职业生涯规划的收入可能会非常低。因此，如果人生可以多次重新开始的话，从总收益的角度出发来看，这种"追梦行为"确实是不合理的。在这种情况下，我也不支持做出这样的鲁莽选择。

但是,如果考虑到人生只有一次,统计本身是没有任何意义的。那么,情况会发生怎样的变化呢?在这种情况下,我们根本没有任何理由去否定这种"追梦行为"。与其在平平淡淡中碌碌无为地度过一生,还不如选择轰轰烈烈地赌上一场,追求一个充满刺激和挑战的未来,尽管这样做很可能会变得一事无成。这就是最大最大准则的思维逻辑。

只不过在做出这样的决策时有一点需要特别说明,"当事人要非常清楚自己正在运用最大最大准则做出选择"。此外,当事人还要明确自己眼前有哪些可以选择的机会,并对运用期望值进行对比分析后做出取舍的选项进行重新审视,最后对因此会带来多少利益损失进行认真的评估,再做出最终的决定。正所谓"我的人生我做主",在完成这一系列过程后,不管做出怎样的决定,都是每个人的自由。由此可见,最大最大准则也具有一定的合理性。

请填写下述调查问卷

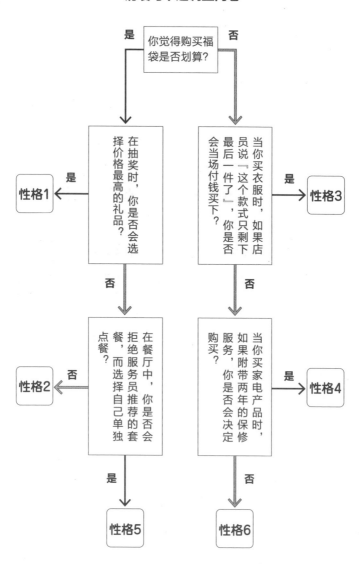

专题2 **你的决策方式属于哪种类型？**

在上文中，我对人们常用的各种决策准则进行了大体介绍。下面，我将揭晓本书开篇给出的调查问卷的答案，并对答案体现的性格类型进行阐述，明确其究竟属于何种决策类型。

不过有一点需要提前说明，那就是这种性格判断方法只是我个人提出的纯属娱乐的观点，缺乏基于实验的实证研究，也没有任何心理学方面的理论依据。

性格1 倾向于根据"最大最大准则"决策的人

这种人属于经常购买福袋，喜欢在抽奖时选择价格最高的礼品的人。这种类型的人又可以分为两类：一类人认为"福袋中一定有许多非常好的商品"；另一类人认为"从平均价格来看，购买福袋中的产品肯定是划算的"。为了明确区分前者和后者，大

125

家可以试着回答一下"是否喜欢在抽奖时选择价格最高的礼品"这个问题。一般来说，在抽奖时，价格越高的礼品中奖人数越少，因此中奖的概率自然就越低。在这种条件下，如果这个人还是决定尝试抽价格最高的礼品，就证明他往往是"设想最为幸运的场景进行选择"的，也就是倾向于按照"最大最大准则"进行决策。

性格2 倾向于根据"期望值准则"决策的人

这种人属于不经常购买福袋，不喜欢在抽奖时选择价格最高的礼品的人。通过"性格1"中的解释，我们可以了解到这种类型的人很可能会认为"按照产品的平均价格购买是最划算的"。

因此，当他们去餐饮店就餐时，往往会选择商家推荐的套餐。这是因为他们认为餐饮店推荐的套餐往往是店家认为品质较好的也是经济实惠的菜品，从价格角度来看，自然是划算的。调查问卷中相应的问题就是用来对这一点进行确认的。

性格3　倾向于根据"最小机会损失准则"决策的人

　　这种人一般不会去碰运气买福袋。当他们去购买衣服时，如果遇到店员上来推荐说"这个款式的衣服只剩最后一件了"，往往会当场付钱购买。一般来说，当别人对你说某种商品是最后一件时，往往暗含着深意，实际上是在提醒你"如果现在不买，一旦产品卖断货了，今后就算想买都买不到了"。当人们听到这种暗示时，会感到不安和恐惧，脑海里会浮现出"之后特意来买却买不到时自己尴尬的样子"。如果当事人当场做出买下衣服的决定，就意味着受到了"不想日后后悔为什么没有早点买下来"的心理因素的支配。

性格4　倾向于根据"最大最小准则"决策的人

　　这种人一般不会去碰运气买福袋。当他们去购买衣服时，就算遇到店员上来推荐说"这个款式的衣服只剩最后一件了"，也会冷静对待，不为所动。但是，一旦听到家电产

品附带两年的保修服务时，就会立即出
手购买。总结起来，这种类型的人不喜
欢冒险，面对诱惑也不容易屈服。但
是，他们往往会对"家电产品损坏"等
不测事态感到过度担忧，难以深入评估
发生故障的概率大小，总是希望提前动
手消除隐患，防患于未然。这种人最大
的性格特点就是"只关注事情的最差局
面，并想方设法希望能够规避风险"。

性格5和性格6　判断标准存在矛盾的人

　　如果属于这两种类型的人，可以判断他们肯定不符合第
一章提出的四种基本类型所涉及的决策方法和性格特点。这
说明他们内心当中可能存在某种心理矛盾，或者在决策时拥
有双重标准。

II

第二部分

第六章

"按照逻辑理性思考"是指什么？

应对不确定性的思维方式的基本概念

在前文中，我已经从多个角度出发，论证了用于决策的与不确定性相关的推理是非常重要的。其中最为重要的基础就是"概率"。

一般来说，"概率"是指针对可能性（基本事件、状态）分布的表示"基本事件可能发生的容易程度"的具体数值。正如上文所述，在概率的分布方法中，既有客观方法，比如将统计等作为切入点的方法，也有主观方法，比如以"自己是如何认为的"的形式体现出来的主观判断。

在人类的历史长河中，通过这种方法定义概率的思维方式是比较新的研究成果，直至17世纪的帕斯卡和费马之后，才开始真正形成理论。那么，在17世纪之前，是不是就完全不存在关于这种不确定性的推理呢？事实并非如此，实际上，"逻辑推理"的概念早就已经存在了。

逻辑推理基本上是以"如果A则B"这类形式的关联词

语展开的。换句话说，就是由于存在原因A，因此会导致结果B，本质上是一种基于因果关系的推理。这种推理是人们思维逻辑的基本形态，在不确定条件下的决策和日常生活中经常会用到。由此可见，以主观判断定义概率的思维方式更应该采用逻辑学的方法，这样一来，才显得更为自然合理。

赛马场和股市的推理

关于不确定性的逻辑推理，最典型的就是赌马竞猜了。关于这一点，已经在前文中自行车追逐赛的例子中解释过了。

当然，在参与赌马的人中，肯定有人非常重视预测，会对所有马到达终点顺序的可能性（也就是按照马的名字进行排列组合）进行计算，明确各种可能性实现的概率。但是，我们经常听到的预测结果使用的往往不是这种机制。人们在进行推理时，一般会从逻辑思维的角度出发，将关注的焦点集中在一等马或者一等和二等之间的马身上，对可能出现的情况进行分析预测。

例如，如果A马的骑手在这个赛道上比赛，应该会选择××比赛策略，B马的骑手肯定能猜到他的想法，因此一定会采取××应对方式；C马的骑手最近总是输给D马的骑手，因此C马的骑手这次肯定会出其不意，打D马的骑手一个措手不及；E马和F马可能会挡住G马的前进方向；等等。

如果听一下直播节目中关于赛马的专家解说，你就会发现他们几乎都是用这种方式堆砌推理的。不过，其中也有娱乐表演的成分。

在金融领域，使用这种"逻辑链条"进行推理是"家常便饭"。市场分析师一般不会说"股票价格上涨5%的概率是多少"，而是用趋势性的表达方式进行分析，比如"由于中东地区的紧张局势会进一步加剧，因此投资者可能大量买进美元以备不测。这样一来，美元就会升值，因此道琼斯指数[①]就会下跌"。

实际上，我的朋友中也有一些"另类"——他们觉得"投资股市最大的乐趣不是赚钱，而是精准预测股市的走势，并及时采取有效的对策"。对于这些人而言，所谓股市推理，并不属于概率分析的范畴，而是逻辑思考。

---

① 道琼斯指数就是指美国道琼斯工业股票平均价格指数。这是一种代表性强、应用范围广、作用突出的股票价格指数，是目前世界上影响最大、最有权威性的一种股票价格指数。

"一刮大风，木桶店就赚钱"的逻辑结构

在上文中，对于"逻辑"这一词语的使用过于随意，并没有准确地进行定义。但是，有一点可以肯定，这里使用的逻辑，与传统意义上的逻辑之间存在着一些区别。

总体来看，传统意义上的逻辑，主要是指数学逻辑，具有代表性的是"命题逻辑"和"谓词逻辑"。在使用这些逻辑时，需要遵守非常严谨的定义和非常严密的规则。

正如上文所述，日常生活和博彩时运用的推理逻辑，与数学逻辑完全不同，并不需要遵守那么严密的规则。因此，在本书中，将会使用"风桶逻辑"的名称，以明确这些逻辑与数学逻辑之间的区别。

所谓"风桶逻辑"是指"一刮大风，木桶店就赚钱"的谚语中包含的一个连环的因果链条：刮大风→尘土飞扬→灰尘飞入人眼，导致盲人增多→盲人为了谋生要去学拉三弦琴→三弦琴需求量增加→生产三弦琴需要猫皮作为材料，因此需要大量捕杀猫获取猫皮，导致猫的数量减少→猫的数量一旦减少，老鼠就会增多→老鼠一旦增多，啃坏的木桶的数量就会增加→木桶的销量就会随之增加→木桶店就会赚钱。

在数学逻辑中，"如果 A 则 B"可以记为"$A \rightarrow B$"，由

"$A \rightarrow B$"和"$B \rightarrow C$",推导出"$A \rightarrow C$",这被称为三段论法[①]。上文所述的"风桶逻辑"看起来很符合三段论法的链条,但实际并非如此。这是因为在数学逻辑中,"$A \rightarrow B$"是指"通过A可以证明B",也就是说"从A中可以缜密地推导出B"。然而,在"风桶逻辑"中,将"尘土飞扬→灰尘飞入人眼,导致盲人增多"等未必相关的事项强行联系在一起。

因此,在本书中,数学逻辑的"$A \rightarrow B$"被严格地限定为"从A中可以缜密地推导出B","风桶逻辑"却未必严谨,不一定经得起推敲。从这个角度来看,日常的逻辑、赌徒的逻辑和分析师的逻辑都不是数学逻辑,而是属于"风桶逻辑"。

关于全球气候变暖问题的争论,是典型的"风桶逻辑"。

全球变暖问题的争论是指"二氧化碳排放量增加→全球气候变暖→南极冰川融化→海平面升高→淹没部分陆地"等一系列存在内在联系的因果关系。

[①] 三段论法是演绎推理中的一种简单推理判断,包括:一个包含大项和中项的命题(大前提)、一个包含小项和中项的命题(小前提)以及一个包含小项和大项的命题(结论)三部分。三段论实际上是以一个一般性的原则(大前提)以及一个附属于一般性的原则的特殊化陈述(小前提),由此引申出一个符合一般性原则的特殊化陈述(结论)的过程。例如,知识分子都是应该受到尊重的,人民教师都是知识分子,所以人民教师都是应该受到尊重的。三段论是人们进行数学证明、科学研究时,能够得到正确结论的科学性思维方法之一,是演绎推理中的一种正确思维的形式。

在全球变暖问题的争论中，虽然每个"$A\rightarrow B$"看似都存在统计学依据，但是不存在严谨的数学演绎关系，因此可以判断其属于"风桶逻辑"。

绝对真理与或然真理①

在数学逻辑中，最重要的一点就是**运用数学逻辑从一系列公理中推导出的结论是绝对正确的**。这里所谓的"公理"是指人们默认的不需要证明的前提假设。

比如，在平面几何学（欧几里得几何学②）中，就是以"过两点有且只有一条直线"等公理集合为前提，使用数学逻辑推导出多个定理的，比如"等腰三角形的两个底角相等""三角形的三个内角和为180度"等。在满足平面几何学公理集合的空间中，这些定理是完全成立的，可以说就相当于绝对真理。也就是说，如果适用空间完全满足平面几何学的公理要求，那么在平面上描画的三角形的三个内角之和就

---

① 或然真理的观点始于英国哲学家洛克，他认为人们对数学方面的知识具有确定性和必然性，而借助于经验和观察所获得的对可感知的实际事物的知识没有确定性和必然性，只有或然性。但或然性有程度上的差别，自然科学在其发展中应尽量减少知识的或然性，而使其不断趋向确实性与必然性。

② 欧几里得几何学指按照古希腊数学家欧几里得的《几何原本》构建的几何学，通常单指平面上的几何学。

必然是180度。

当然，如果改变适用的公理集合，就会推导出不同的定理集合。比如假设适用球面几何学①的公理，则可以证明"三角形的内角之和大于180度"的定理。只要是满足球面几何学的公理群的空间，无论是在足球表面还是在乒乓球表面，这一定理都是绝对正确的。

与其他学科不同，经过数学证明绝对正确的定理是永远不会被推翻的，这是由数学逻辑特有的推导绝对真理的性质决定的。人们将这种性质称为"逻辑的健全性"。

与之相对，根据"风桶逻辑"推导出的结论则既有正确的，也有错误的。这是因为"风桶逻辑"中，每个"$A \rightarrow B$"的推理过程并不一定都是缜密的。在这种情况下，"$A \rightarrow B$"只不过表示"大体上正确"的意思。人们将这种推理称为或然真理。"或然"这个词的意思是"可能是这么回事"或者"在某种程度上是确切的"。由此可见，**"风桶逻辑"并不是用来推导绝对真理的逻辑，而是用来推导或然真理的逻辑。**

这种"风桶逻辑"是用"→"来表示逻辑关系的，推

---

① 球面几何学（spheres geometry）是在二维球面上的几何学。

理过程中使用的"→"越多,其可信度就越低。例如,如果"中东地区的紧张局势进一步加剧→投资者大量买进美元导致美元升值"这一推论的可信度有八成,"美元升值→道琼斯指数下跌"的可信度也能达到八成,那么将这两个推理过程连在一起后,就会发现,得到"中东地区的紧张局势进一步加剧→道琼斯指数下跌"的推论的可信度远远低于八成。"一刮大风,木桶店就赚钱"这一谚语的有趣之处就在于一个一个"→"看似逻辑缜密、分析合理,但最终推导出的"一刮大风,木桶店就赚钱"的说法给人一种牵强附会、生搬硬套的感觉。这就充分体现了使用的"→"越多,推导出的结论可信度越低的"风桶逻辑"的本质。

三种基本推理方法

下面,我将向大家介绍三种基本的推理方法。与个人的体会相比,这些基本的推理方法更接近于科学界公认的标准。

数学逻辑的推理方法主要包括下述三种:

一是如果A和A→B成立,则判断B成立。

这被称为演绎推理或假言推理。数学定理基本上是在运用公理集合的基础上,反复使用这一推理方法证明的。这种推理一般是正确的。

二是由于A与B同时发生，因此判断$A \to B$成立。

这被称为归纳推理。这种推理方法的推理顺序与演绎推理不同，从某种意义上来看，可以说是演绎推理的逆向推理，适用于物理、化学等领域。

三是当$A \to B$是合理的，并且B成立时，可判断A也成立。

这被称为溯因推理[①]，适用于医疗等领域。

比如，"感冒→发烧和咳嗽"是一条成熟、可靠的经验规律，在患者"发烧和咳嗽"后，医生可以诊断患者感冒了。这里用到的推理顺序与演绎推理不同，可以说，是完全相反的推理。

归纳推理和溯因推理难以从数学角度推导出绝对正确的结论，稍有不慎还会得出错误结论。然而，考虑到世界上的绝对真理本来就是罕见的，用来推导绝对真理的数学逻辑很难产生实际效益。但是，与数学逻辑不同，归纳推理和溯因推理可以在许多领域发挥作用，因此在现实生活中具有很大的应用空间。

[①] 溯因推理指用假设的理论去与经验相对照，以证明理论的正确性。

凯恩斯的逻辑概率

在将不确定条件下的推理视为"风桶逻辑"进行分析的学者中，有一位非常特殊，他就是大名鼎鼎的英国经济学家凯恩斯。凯恩斯的博士论文题目就是《论概率》。他的博士论文最终于1921年正式出版发行。

这部凯恩斯年轻时完成的著作，从逻辑学而不是数学的视角出发推导出了概率，内容非常新颖，具有重要意义。逻辑学本来是针对数学推理规则进行研究的学科，比如"如果 A 和 $A \rightarrow B$ 都成立，则可以推导出 B"（演绎推理）。也就是说，是分辨"真"或"伪"的学问，因此无法用来处理"时而真，时而伪"的概率所涉及的或然性问题。但是，凯恩斯大胆创新，积极尝试利用逻辑学推理解决这种或然性问题。

根据凯恩斯的理论，概率性判断表示的是命题 p 和命题 h 之间的逻辑关系。如果人们已知命题 h 以及命题 h 和命题 p 之间的逻辑关系，那么他们对于命题 p 的信任程度，就由针对这一逻辑关系成立的信任度决定，这是非常合理的。关于这一理论的具体意义，不是三言两语就能阐述清楚的，因此，我将结合下文中准备阐述的"证明可能性"进行说明。

综上所述，凯恩斯这种将不确定条件下的决策方式视为某种"风桶逻辑"的观点，成了日后构建凯恩斯经济学体系的支柱。凯恩斯认为经济活动是由处于过去已经决定的事件和未来将要发生的不确定事件之间的现在决定的，并试图在此基础上说明泡沫经济和经济危机形成的机制。

概率是数学，还是逻辑学？

凯恩斯在《论概率》的序言中这样写道："最早提出本书主题的是博学多才的数学家戈特弗里德·威廉·莱布尼茨①。他在23岁时撰写的学位论文《选立波兰王的政治证明典范》中，第一次将概率纳入了逻辑学的体系范畴内。"在《论概率》第一章的开篇，凯恩斯又从莱布尼茨的经典著作《人类理智新论》中，引用了这样一段文字："我不止一次呼吁，应该创造一种全新的、能够反映事件可能性大小的逻辑学。"

由此可见，从很久以前开始，就已经有像莱布尼茨这样试图将概率纳入逻辑学范畴的数学家了。实际上，有一种非

---

① 戈特弗里德·威廉·莱布尼茨（Gottfried Wilhelm Leibniz，1646 — 1716），德国哲学家、数学家，被誉为17世纪的亚里士多德。他本人是一名律师，经常往返于各大城镇，他的许多公式都是在颠簸的马车上完成的。

常流行的说法认为"概率"一词的英语probability，就源于英语单词provability，意为**可证明性**，这也直接证明了两者之间的联系。

在法庭上，这种可证明性是非常重要的。法官必须根据控辩双方提供的证据，裁定嫌疑犯是否有罪。在这种情况下，控方就需要通过证据进行逻辑分析举证，证明嫌疑犯是有罪的。实际上，通过控方提供的证据证明嫌疑犯100%有罪的案例是非常罕见的。在绝大多数情况下，这些证据都只能在某种程度上（或然性）证明嫌疑犯有罪。通过综合分析这种或然性证据，裁定嫌疑犯是否有罪是法庭的职责。

由此可见，法庭正是逻辑概率发挥作用最活跃的场所。由于莱布尼茨本身就是律师，因此**自然会产生将概率视为逻辑学范畴的观念。**

实际上，如果将法庭推理的概率分布用百分比表示，就会发现其荒谬之处。比如，当认定"某个嫌疑犯有罪的概率是80%"时，如果从概率论的角度来思考，就会做出下述推理：在面对与这个嫌疑犯相同的状况时，假设有100名嫌疑犯留下了相同的证据，那么其中就有80名嫌疑犯是真正犯了罪的。

这个结论明显是荒谬的。在现实中，只有一名嫌疑犯，假设有100名嫌疑犯本身就是毫无意义的。不仅如此，嫌疑犯要么是罪犯，要么不是罪犯，两者只能选其一，这一点是十分明确的。只不过法官并不确定嫌疑犯到底有没有犯罪而已。因此，法院才要通过或然性进行分析评估，并做出最终裁决。由此可见，这种概率并不适合法院。

小母马诉讼事件与选美比赛诉讼事件

凯恩斯在《论概率》中，也对法院裁决的概率进行了分析。

凯恩斯引用的实例之一就是一位驯马师于1909年提起的诉讼案件。这桩案件的起因是被告在未征得原告同意的情况下，将与原告约定用于交配育种的小母马直接卖到了南美洲。对此，法院需要进行评估，明确小母马在育种成功后，将给原告带来多少利益。这就要求根据偶发事件形成的连续链条进行推理，需要考虑小母马顺利成年、健康状况良好、不存在不孕不育的状况，也未发生早产意外，并且平安产下小马等情形。作为法官，需要对这一系列情形的可能性进行预测评估。可以说，这是一种典型的符合"风桶逻辑"的分析方法。

另一个案例是1911年发生的卓别林诉讼希克斯案。这是一桩关于新闻媒体举办的选美比赛的诉讼案件。原告卓别林在地区投票中排名第一,但是作为评委的希克斯只对地区的50位参赛者进行面试,从中选出了12位进入下一阶段的面试。这导致卓别林落选,遗憾地退出了比赛。针对这一问题,卓别林向法院提起诉讼,要求希克斯赔偿经济损失。在这一案件中,双方争论的焦点在于"假设原告得到了参加面试的机会,那么她最终入选12人名单的概率是多少"。为了解决这一问题,需要明确是应该单纯按照平均数值选择"12/50"作为概率,还是应该将希克斯对女性的偏好作为证据采信。这也是一个"风桶逻辑"的实例。

凯恩斯通过列举这些实例,表明了自己赞同莱布尼茨的观点,将概率视为逻辑学领域一部分的立场。

每个人都有自己特有的逻辑习惯

凯恩斯希望通过《论概率》将"风桶逻辑"固化,形成运用模式。但是,他的努力并未取得预期的效果,难以称得上成功。从某种意义来看,这只是从哲学或批判角度对概率论的历史进行了总结,根本没达到提出"通过逻辑定义概率"的数学原理的地步。

实际上，时至今日，数学家仍在研究"通过逻辑定义概率"的方法论，但尚未取得突破性进展。

有鉴于此，本书将转换思路，不再执拗于提升读者关于"风桶逻辑"的认识，而是从新的角度出发，提出建议，明确"每个人的'风桶逻辑'中都有自己的特点和习惯，希望大家都能利用这一规律为自己服务"。

在上文中，我将数学逻辑解释为"以公理为出发点，通过逻辑推导出定理的方法"。我们也可以将人的"风桶逻辑"理解为类似的机制。概括起来，就是"在人们心中总有自己固有的认知前提"，"人们总有自己的逻辑习惯，总是按照相同的方式进行推理"。

前者说明了人们在思考时，出发点是有一定的"先入为主"的观念的，比如"人性本善论"和"人性本恶论"。"人性本善论"认为"人们总是心怀善意处世的"，与之相对，"人性本恶论"认为"人们只要有机会，就一定会想办法欺骗他人获得利益"。无论是哪种逻辑前提，只要不经历惨痛的教训，人们的观念都不会发生改变。

此外，正如后者所述，在数学领域，人们也有自己的思维习惯，往往容易运用不正确的逻辑进行分析思考。

比如,在"如果A成立则B成立"的情况下,如果证明了"A不成立",那么,从逻辑上会得出怎样的结论呢?在数学逻辑中,可以说是得不到任何结论的。这是因为在数学逻辑中,"如果A成立则B成立"的假设不涉及任何关于"A不成立"的信息。但是,在"如果A成立则B成立"的前提下,当确认"A不成立"时,有些人往往会做出"B也不成立"的结论。实际上,两者之间并无必然联系。

下面,我们将结合实例进行说明。假设某位男性认为,如果自己心仪的女孩同意与自己一起过平安夜,就说明她是爱自己的。那么,如果那位女孩对他说"今年的平安夜我有安排,可能不能一起过了",这位男性就会认为"那位女孩是不爱自己的"。从数学逻辑来看,这种想法是错误的。但是,放眼望去,周围会做出这种推理的人比比皆是(顺便提一下,从数学逻辑来看,根据"A→B"和"B不成立",可以推导出"A不成立")。

虽说这种推理在数学思维中是不成立的(也就是说,这不是正确的方法),但是我们也无法否定这种推理方式的存在。使用这种方法的人可能觉得这种推理方式在他的日常生活中非常管用,因此他绝不会轻易放弃这种推理方式。

当知道了某个人有这种推理习惯后,我们就可以在此基

础上与之构建关系，这一点非常重要。比如，如果这个人是你
的恋人，当他（她）拒绝与你共进平安夜晚餐时，就算你不觉
得这有什么问题，也要充分考虑对方可能已经不再爱你了。

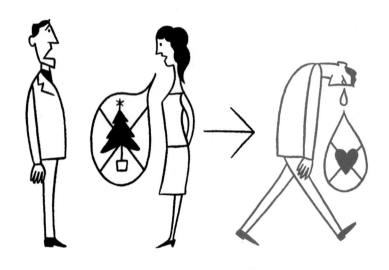

缺省逻辑

　　上文介绍的归纳推理和溯因推理是从数学逻辑中脱离出
来的古典的、通用的推理方法。在从数学逻辑中脱离出来的
推理方法中，还有一种比较新的方法，我特意将其放在最后
介绍，那就是"非单调推理"。

　　数学逻辑推理拥有一种特性：如果经过逻辑思考，从一

个集合的前提条件 Γ（希腊字母伽马的大写字母，在这里是指命题的集合）中，曾经推导出过结论 X，则在前提条件 Γ 中再加入其他前提条件 A 后，仍然可以推导出结论 X，这一点不会发生改变。这种特性被称为"单调性"。

但是，在我们的日常生活中，这种单调性是不成立的。许多原本是正确的推理，一旦到了新的信息条件下，可能就变成错的了。不仅如此，这些推理中还经常会出现各种各样的矛盾，也存在许多超出结论范围的特殊情况。

正因为如此，人们提出了一种"非单调推理"：在前提条件中加入新的信息后，结论也会随之发生变化的推理。实际上，我们在日常生活中经常运用的就是非单调推理。由于数学逻辑的限制过于严格，因此在现实生活中很难应用。与之相对，虽然非单调推理容易发生错误，但是其限制条件非常宽松，运用起来具有明显的便捷性优势。

在非单调推理中，有一个著名的概念——缺省逻辑。

缺省（default）这个词的意思是"默认，什么也不做"。比如在计算机中，一提到"缺省"这个词，人们就会想到"用户什么也不操作，完全交给程序端按照预先的设置处理的状态"。

缺省逻辑是一种"只要与现有知识不相矛盾，就积极接受"的推理方法。如果说得再详细一点，它的推理逻辑就是"当P成立时，只要与Q不矛盾，就可以判断R也成立"。在这里，P代表的是"前提"，Q代表的是"依据"，R代表的是"结论。"

比如在P为"x是鸟"，Q为"x是普通的鸟"，R为"x会飞"的条件下，根据P和Q推导出R，应用的就是缺省逻辑。如果将x替换为PINGU[①]，则PINGU是鸟，并且PINGU是普通的鸟，没有任何特殊情况，基于这一判断，运用缺省逻辑，可以推导出PINGU会飞的结论。

另一方面，假设读者具有相关背景知识，知道PINGU实际上是企鹅，就会发现其与Q（x是普通的鸟）之间存在矛盾，因此无法推导出PINGU会飞的结论。

总而言之，在缺省逻辑下，只要追加的信息与前提知识之间不矛盾，就可以推导出结论。从某种意义上来看，这是一种缺乏严谨论证的推理方式。

然而，我们日常生活中的推理，运用的往往都是与缺省逻辑相类似的方法，这是一个非常明确的事实。

---

① PINGU 是风靡全世界的一部黏土动画片《企鹅家族》的主角。《企鹅家族》讲述了一些有关家庭及学校的小故事，PINGU 虽然爱捣蛋，心肠却很好，每当恶作剧过后，PINGU 总会吸取经验教训并成长。

缺省逻辑在计算机科学和人工智能等领域有着广泛的应用前景,目前相关研究已经成为备受瞩目的焦点。在这些领域中,计算机正在模仿人类的推理模式,以便进一步缩小人机差异。这也是许多学者坚持认为计算机可以通过缺省逻辑模仿人类推理的依据所在。

第七章

超出预期的事件会
促使人做出改变

惊奇与决策

你一定有过对谁一见倾心的经历吧！我想当时的你肯定非常在意对方对你是什么感觉。对你而言，你的言行举止会给对方留下什么印象、造成什么影响是一个至关重要的问题。因此，你当然要注意观察并预测对方的反应，以确定对方对你的印象。

如果你的赞美和褒奖令对方表露出愉悦之情，就证明对方对你的印象并不差；如果你邀请对方共进晚餐，但被对方以"有事抽不出时间"为由直接拒绝，则很可能说明对方对你的感觉和你对对方的感觉不一样。对方的一系列反应可以帮助你验证自己的感觉。

但是，你知道自己感觉的巨大转变是从什么时候开始的吗？我想应该是对方做出出乎你预料的行动的时候。

例如，你突然知道平时对你漠不关心的人竟然读了你发布在社交网络上的动态的时候；对方注意到你桌子上的笔筒坏了，并在没有任何征兆的情况下直接买了一个新的笔筒作为礼物送给你的时候。也就是说，当对方做出了超出你预期的行为，令你觉得惊讶不已的时候，你更容易被这种行为代表的意义所触动，从而产生强烈的情绪波动。

这种"突然到来"的"惊奇"具有奇妙的影响力，可以将你长期以来积累下来的各种"朴素"的推理一次性击得粉碎，令你不顾结果是吉是凶，直接选择使用特殊的决策方式。

在本章中，我将侧重介绍一种完全不同于以往的决策方式，那就是将关注的重点集中在这种惊奇上的方法。关于这里提到的惊奇，大家可以理解为惊讶和意外等。

此前介绍的决策方法，基本上是以传统的概率逻辑为基础构建的。总结起来，其需要用的思维方式主要是列举构成事件基础的状态（基本事件），并进行概率分布，以明确其"发生的可能性"。

然而，反对这种基于传统概率论提出的方法的学者也大有人在。其中，有一种观点尤为特殊，那就是"惊奇"构成了决策的基础。这种观点并不像概率论一样强调"预想范围内的推理"，而是坚持认为**"预料之外的事件才是驱使人们行动的关键"**。

雷曼冲击①是股票市场中的"惊奇"

最先明确提出"惊奇"参与决策过程的是20世纪初期的芝加哥大学经济学家弗兰克·奈特。奈特在1921年出版的博士论文《风险、不确定性与利润》中提出了与以往不同的关于不确定性的全新观点。

他认为运用数学方法对世界进行分析仅限于极个别的特殊场景，并且将可预测的不确定性称为"风险"，与"真正的不确定性"进行了明确区分。

如果再详细说，奈特将概率分为下述三种类型：一是先验概率②，这是一种从完全对称性角度出发定义的数学概率；二是统计概率，这是一种从实际经验出发，基于稳定的相对频率进行观测的概率，可在历史数据适用于未来的前提下使用；三是估计概率，这种概率缺少对称性等一切分类

---

① 2008年9月，当时美国第四大投资银行雷曼兄弟公司轰然倒下。成立于1850年的雷曼兄弟公司是一家国际性的投资银行，总部设在美国纽约。雷曼兄弟公司历经了美国内战、两次世界大战、经济大萧条等屹立不倒，曾被纽约大学金融教授罗伊·史密斯形容为"有19条命的猫"。雷曼兄弟公司鼎盛之时拥有7 000多亿美元的市值，曾在住房抵押贷款证券化业务上独占鳌头，但最后也恰恰因为这项业务引发的次贷危机而倒闭。2008年9月9日，雷曼兄弟公司股票开始狂跌不止，一周内股价暴跌77%，公司市值从112亿美元大幅缩水至25亿美元。困难之时，雷曼兄弟公司一度向美国政府求救，最终未果，这家百年老店只得接受破产的命运。

② 先验概率(prior probability)是指根据以往经验和分析得到的概率,往往作为"由因求果"问题中的"因"出现。

依据，从逻辑角度来看，分析起来潜藏着极大的困难。先验概率和统计概率属于"可预测的不确定性"，估计概率才是"真正的不确定性"。

实际上，奈特所说的"可预测的不确定性"是可以通过既有的概率理论理解和把握的。此外，奈特认为存在着估计概率中提到的不确定性，它与通过概率逻辑理解的不确定性之间存在着本质区别。后来，这种由奈特提出的不可预测的"真正的不确定性"，就被称为"奈特氏不确定性"。

奈特在关注"真正的不确定性"的过程中，慢慢对"惊奇"这种现象产生了浓厚的兴趣。他并不认同一般经济理论中认为决策者可以综合运用所有信息，敏锐洞察一切，精准预测事件发展轨迹的基本假设。他认为，这与现实之间存在着极大的差距，远远背离了实践认知。现实中的决策者往往必须面对不可预测的不确定性，总是处在"惊奇"的旋涡之中。实际上，第六章中提到的"缺省逻辑"与"惊奇对推理带来重大影响"的观点之间，在根本上是相互联系的。这是因为所谓"惊奇"，是指出现矛盾时的反应。

在股市中，当发生了预期范围内的事件时，股价的变动幅度是非常小的。这是因为在做出预测的时候，影响因素已经被考虑在决策之中，并反映在了价格上，因此不会对股价造成影响。实际上，市场真正发生巨幅震荡，往往是爆出重大新闻或发生突发事件的时候。股市从业人员将这种现象称为"惊奇"。**"惊奇"是动摇投资者信心，对市场造成重大影响的重要因素。**

例如，2008年发生的雷曼兄弟公司破产事件，就属于这种"惊奇"。对于雷曼兄弟公司这种体量的金融巨头在极短的时间内停摆倒闭，美国金融当局也感到束手无策、无计可施，只能眼睁睁地任由事态发展，因为事先谁都不曾预想过会出现这种局面。这种"惊奇"直接导致全世界的股市出现了大规模暴跌。当然，就算没有发生雷曼冲击，当时的金融市场泡沫已经非常严重了，随时都面临着崩溃的危险。然而，时至今日，业内人士都认同一个观点——雷曼兄弟公司破产事件是诱发次贷危机的导火索。

又如在2013年，众多金融市场相关人士已经默认了一个事实，那就是雷曼兄弟公司破产事件发生以后，一直持续到当时的美联储货币宽松政策将于2013年9月正式转向，进入

紧缩银根的状态。然而，时任美联储主席本·伯南克①突然
对外宣布，将延续货币宽松政策。这大大出乎金融市场相关
人士的预料，直接导致了道琼斯指数大幅上涨。

黑天鹅事件②是真实存在的

奈特认为通过普通概率模型进行的推理是毫无意义的，
"意外性""惊奇"和"冲击"等才是推理的基础。纳西
姆·尼古拉斯·塔勒布③的畅销书《黑天鹅》也明确地体现
了奈特的这种观点。塔勒布是一位人生经历丰富的美国学
者，他既是一名文艺评论家，又做过金融商品交易员，具有
常人难以想象的丰富阅历。

塔勒布最先提出了"黑天鹅事件"的概念，他认为黑天

① 本·伯南克（Ben Shalom Bernanke，1953— ），美国经济学家，美联储前主席。伯南克
在普林斯顿大学任教17年，曾担任经济学系主任。从1987年起，他成为美联储访问学者。
2002年，他被布什任命为美联储理事。2005年6月，伯南克担任美国总统经济顾问委员会
主席。2006年2月1日，他成为美联储前主席格林斯潘的继任者。2009年12月，伯南克当选
美国《时代》周刊2009年度人物。
② 黑天鹅事件是指非常难以预测且不寻常的事件，通常会引起资本市场连锁负面反应甚
至大幅下跌。
③ 纳西姆·尼古拉斯·塔勒布（Nassim Nicholas Taleb），安皮里卡资本公司创始人，也
是纽约大学库朗数学研究所研究员。他曾在纽约和伦敦交易多种衍生性金融商品，也曾在
芝加哥当过营业厅的独立交易员。他的作品包括《随机漫步的傻瓜》和《黑天鹅》，后者
曾连续一年多位列《纽约时报》畅销书榜，以 30 多种文字出版，是一本知识、社会和文
化方面的经典著作。

鹅事件是指人们经常忽视的发生概率极低却能造成巨大冲击和影响的事件。顾名思义，所谓"黑天鹅"就是指黑色的天鹅。直至澳大利亚被发现之前，人们都不相信这个世界上还存在黑色的天鹅这种生物。

塔勒布将具备下述三种特征的现象称为黑天鹅事件：一是具有意外性，超出常规思维想象范围；二是造成重大冲击和影响；三是虽然具有意外性，但是可以在事后为其发生寻找适当的理由，并且或多或少认为它是可解释和可预测的。

塔勒布认为"与我们已知的事物相比，那些未知的才是更为重要的。黑天鹅事件就是因为无法预测，才会成为现实，也正因为如此，它的破坏性也就更大"。

最著名的黑天鹅事件就是2001年发生的"9·11"事件[①]。如果人们能够在2001年9月10日提前预测到第二天的情况，就完全可以避免惨剧发生。这是因为人们可以采取适当的措施进行预防，比如增加飞机驾驶室的安保防护、在纽约世贸中心周边部署战斗机巡逻等。也就是说，这个事件本来不是必然发生的。关于这一点，日本人对福岛核电站事故恐怕也有同感。

在充分关注黑天鹅事件的基础上，塔勒布又进一步提出"在社会生活中，一些看似微不足道的事件带来的巨大的影响和冲击，是推动事物变化发展的真正动因"。也就是说，真正改变事物的无疑就是"惊奇"。

分析历史数据是无法预测未来的

奈特和塔勒布还有一个共同的观点，那就是"分析历史数据是无法预测未来的"。

这种观点不同于一般的概率和统计理论，甚至与之截然相反、针锋相对。概率和统计理论是利用历史数据预测未来

---

① "9·11"事件是2001年9月11日发生在美国纽约世界贸易中心的恐怖袭击事件。

事件发生可能性的方法。例如，我们可以根据出生率的历史数据，分析预测未来的出生率；我们可以根据历史数据中出现相同气象云图的记录，预测第二天的天气状况。统计和概率的基本理念是"评估计算自己关注的现象在大量历史数据中发生的相对频率，并将求得的数值作为未来事情发生可能性的数值"。

在这一理念的背后，暗含着一个前提，那就是"未来是历史的重现"。奈特和塔勒布认为通过这一预测方法取得成功的模式非常有限，对于人类而言，越是重要的事情，通过统计和概率预测的准确率就越低。

尤其是针对当代经常使用的统计推理，塔勒布的批评更为直接而尖锐。他断言以正态分布为基础的**现代统计学的概率论方法是没有任何意义和作用的**。这是因为使用正态分布的推理，将那些极为罕见的现象视为"不会发生的事件"，并直接忽略不计。也就是说，其完全否定了黑天鹅事件的存在。

只有同时具备"稳定性"和"重现性"时，才能确定概率和统计推理是合理的。比如，你想确定明天是否会发生某件事，就对过去1 000天的历史数据进行汇总分析，统计发生和未发生这种事的天数。结果发现，1 000天中有20天发生了这种事。因此，你可以推测"明天发生某件事的概率"为2%（20÷1 000）。

这个原理成立的前提是建立在"此前1 000天发生的现象今后仍会重复发生"的基础上的。虽说在今后的1 000天中有20天左右会发生同样的事件，但是未必会按照之前的顺序发生。因此，你根本就无法断定明天是不是发生这一事件的日子。这种情况在明天之后的任意一天中都是相同的，有鉴于此，你推测发生这一事件的可能性为20‰，也就是2%。

在第六章中，我们曾经简单接触过归纳法的概念。"由于过去是这样的，因此未来也会是这样的"的推理方法就属于归纳法。概率和统计都是典型的归纳型推理方法。

塔勒布认为这种归纳法是毫无理论依据的。他通过下述经典的例子证明了这一观点。这个实例是塔勒布参考哲学家拉塞尔使用过的例子进行重新阐释的。

有一只每天都有人喂食的火鸡。每当得到食物后，火鸡就会觉得人类当中也有许多善良可亲的人特意给它喂食，并将这种习惯当作日常生活中普遍存在的一般法则，深信不疑。之所以会出现这种情况，完全是因为火鸡坚信人们给它喂食是"为它的最大利益着想"。但是，在感恩节前一天的

下午，一件意想不到的事情将要降临在火鸡身上，从而彻底
颠覆它的信念。

塔勒布通过辛辣的讽刺，说明了统计学中的归纳推理与
这只火鸡的推理之间并没有什么本质的区别。真正颠覆这只
火鸡信念的正是"惊奇"。

用"公式"表示"惊奇"的尝试

奈特和塔勒布通过我们日常生活中经常遇到的事例，说
明了"惊奇"在不确定条件下决策过程中的重要作用，确实
具有极强的说服力。但是，他们的理论和观点全都建立在语
言论述的基础上，只不过是感性的经验总结。为了在具体决
策过程中运用这些理论解决问题，需要明确的公式。

最先提出关于惊奇的可行性公式的是英国经济学家沙克
尔。1949年，沙克尔在自己的著作《经济学中的期望》中，
以函数的形式引入了潜在惊奇（potential surprise）这一概
念，拉开了通过"惊奇"公式辅助人们决策的帷幕。

　　沙克尔是深受凯恩斯影响的后凯恩斯主义①经济学家。凯恩斯非常重视不确定条件下的决策，将其视为推动经济发展的基础。对此，沙尔克全盘继承，并通过各种方式进一步阐述了其重要性。

　　与奈特和塔勒布相同，沙克尔也抱着怀疑精神，质疑传统的概率理论。他提出"像反复多次投掷硬币那样，从统计学的角度可以计算出确切的行为结果的情形，是不存在不确定性的"。这种现象可以通过数学期望值来理解，因此并非"真正的不确定性"。真正需要给予注意的是那些尝试行为本身会永久破坏其存在环境的情形。沙克尔将这种情形称为"不可分割的非连续性"。在这种情况下，应该思考的并不是"长期会发生什么"，而是"下一次会发生什么"。

　　如上所述，沙克尔在放弃传统概率理论的基础上，仍然对"惊奇"给予了充分的关注。关于这一点，可以从沙克尔的一些观点中看出来，例如，"那些由于认定的结果最终并未出现而感到震惊的人，往往是坚信这一结果肯定正确的人。

① 后凯恩斯主义也被称为新凯恩斯主义。凯恩斯的追随者对凯恩斯的经济理论进行解释和补充，把凯恩斯的"短期的比较静态分析"发展为"长期"和"动态"分析，先后提出了"经济波动论"和"经济成长论"。西方经济学界把这种在凯恩斯理论的基础上发展起来的经济理论称为后凯恩斯主义。

信任本身既不是兴奋，也不是感动。但是，高度的信任是人们切实感受到'惊奇'带来的震撼的必要条件。""当认定的结果并未发生时，可以将其带来的'惊奇'程度视为人们信任的坚定程度。"沙克尔还明确主张，应该用"惊奇"替代"概率"，以发挥其重要作用。

沙克尔的理论

那么，沙克尔是如何解释用公式来表示"惊奇"的呢？

首先，沙克尔通过图形对潜在惊奇进行了描绘，具体如图7-1所示。

横轴表示特定资产的资产收益率，纵轴表示实现这一资产收益率时决策者的潜在惊奇（意外性）。在图7-1中，当资产收益率为r时，潜在惊奇值为y（顺便提一下，$\bar{y}$为潜在惊奇的最大值）。

如果观察一下图7-1，就会发现当资产收益率处于x_L和x_U之间时，潜在惊奇值为0。也就是说，资产收益率是完全可以预测到的，几乎没有什么值得惊讶的。当资产收益率大于x_U时，资产收益率越大，与之相对应的潜在惊奇值也就越大。相反，当资产收益率小于x_L时，资产收益率越小，与之相对应的潜在惊奇值反而越大。在这一前提条件下，概括起来，潜在惊奇值 y 等于零意味着一切都在"预期范围内"，与之对应的资产收益率无论是高出这一范围还是低于这一范围，都代表着"超出预期范围"。在图7–1中，用曲线的高度来表示"超出预期带来的'惊奇'程度大小"。

潜在惊奇值

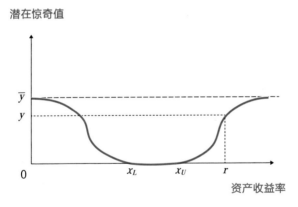

图7–1　潜在惊奇值与资产收益率关系

实际上，图7–1是用来替代一般概率模型中的资产收益率的概率分布的。比如，在前文提到的年终彩票的奖金和概率的例子中，表2–1表示的是"收益与可获得收益的概率"的关系。与之相对，图7–1表示的是"资产收益率与可获得收益时的惊奇值"的关系。总而言之，沙克尔就是使用潜在惊奇值来代替概率的。

其次，沙克尔通过少数几个点来表示以曲线形式显示的
资产收益率分布。伴随不确定性产生的资产收益率往往是由
无数个数值的集合构成的，因此从集合中选取少数具有代表
性的数值进行评估就显得尤为重要了。如果可以通过少数几
个数值进行表示，就可以将这些数值作为标准，从而简单地
实现对各种金融产品的比较。

概率模型是通过期望值来表示资产收益分布的。比如，
在年终彩票中会出现各种各样的收益结果，既有可能中4亿
日元，也有可能一分钱也中不了。但是，在概率模型中，往
往就用"150日元"的期望值来代表具体数值。对此，沙克
尔并不认同。在潜在惊奇值的图表中，他选择代表资产性质
的两个点，作为期望值的替代数值。

沙克尔构建了横轴代表资产收益率、纵轴代表潜在惊奇
值的平面坐标轴。针对平面上的两个点，沙克尔引入了满足
下述性质的"倾向性"：如果资产收益率相同，决策者更倾
向于选择潜在惊奇值较小的点；如果潜在惊奇值相同，决策
者更倾向于选择资产收益率较大的点。当不同的金融产品资
产收益率相同时，更容易被预想到（惊奇值较小）的金融产
品往往更受欢迎，这是因为它更容易被预想到。

综上所述，"在横轴上越靠右侧的点往往越受欢迎，在纵轴上越靠下的点往往越受欢迎"。这种分析方法与经济学中的无差异曲线①是相同的，因此具有相关背景知识的读者可以回忆一下对照理解。请大家看一下图7-2，假设现在有A和B两个点，决策者对它们的喜好并没有偏差。与A点相比，B点的资产收益率更大，但是潜在惊奇值也更大。因此，当两个点的资产收益率与潜在惊奇值比恰好相等时，决策者对于它们的喜好也是相同的。

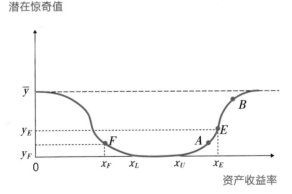

图7-2 潜在惊奇值与资产收益率分析

在这种情况下，比A点靠右的曲线上的点都是受欢迎的

---

① 无差异曲线是经济学中的一个概念，曲线上的每一点的商品组合是不同的，但是人们从中得到的效用是相同的。

点。这是因为如果稍稍靠右一点，资产收益率和潜在惊奇值
会同时变大，但是资产收益率的增加幅度要大于潜在惊奇值
增加带来的负面影响，其带来的结果对决策者是有利的。此
外，出于同样的理由，比B点靠左的曲线上的点，其资产收
益率和潜在惊奇值相抵消的结果为正值，从这个点开始向左
的点也是受欢迎的点。A点和B点的这两个特点一直保持到E
点。也就是说，对于决策者而言，E点是资产收益率比x_U大
的点中最受欢迎的点，此时的资产收益率为x_E、潜在惊奇值
为y_E。

根据同样的分析方法，资产收益率为x_F、潜在惊奇值为
y_F的F点，是资产收益率比x_L小的点中最受欢迎的点。沙克尔
就是通过这两个点（E、F）组对，来表示资产对于决策者而
言的理想状态的。

如上所述，如果能用公式来表示评估资产的方法，自
然就可以对人们买入资产的微观经济学行为及其引起的宏观
经济学变化结果进行分析。但是，在论述这一问题时，必须
引入传统经济学理论，否则就无法实现。但是，令人遗憾的
是，沙克尔并没有在此基础上进行更加深入的研究。

在沙克尔自身的分析中，也未提出彻底颠覆既有经济学
理论的划时代的结论。因此，沙克尔的理论被深深地埋藏在

了历史的长河之中，真正激发出其活力的就是后来问世的决
策理论。

为什么人们会对特定的可能性视而不见呢？

在日常生活中，人们做出决策时，"惊奇"会在一定程
度上发挥作用。实际上，人们会遇到各种各样的事件，从而
激发并唤醒深藏于内心的"惊奇"。但是，这只会影响人们
的情绪，并使情绪外露出来，却很少帮助大家冷静思考，深
入进行分析、内省。情绪受到影响的人是无法冷静对待事态
发展的。但是，如果能坚持自己的立场不为所动，就会带来
奇妙的效果，"仿佛从另一个自己的视角，冷静地观察情绪受
到影响的自己"。虽然这种境界很难达到，但是通过训练不
断提升自己应对"惊奇"的能力，还是非常有必要的。

那么，为什么人们会感到"惊奇"呢？这是因为我们
无意间排除了某种可能性。这也就是塔勒布所说的黑天鹅
事件。

为什么人们会忽略一些特殊的可能性呢？这里面暗藏着
关于人们决策的秘密。人们一般都不愿意设想自己不想见到
的事情，甚至可以说是在无意识地回避这些事情。这有时是

人们致命的缺点，有时又是人们的优点。当自己不想见到的事情真的变为现实并且令人感到"惊奇"时，人们的情绪就会受到影响，并可能因此犯下错误。另一方面，当自己不想看到的事情并未出现时，人们的精神就不会感到疲惫，从而无忧无虑地度过每一天。这两种情形究竟孰优孰劣，需要具体情况具体分析，不能一概而论。

但是，当自己不想见到的事情真的变为现实并且令自己感到"惊奇"时，我们可以冷静下来站在另一个自己的视角，观察情绪受到影响的自己，真正思考自己到底为什么要回避、自己内心的真实感情到底是什么的。这样一来，我们就可以真正面对自己之前没有注意到的爱与恨，这能够帮助我们真正了解自己。

我们应该从现在做起，用心去感受"惊奇"的存在，这样或许可以帮助自己进一步提升决策的有效性。

与"说一不二"的决策者为伍

当你希望自己提出的策划方案得以实施时，最终拍板的人，也就是你需要说服的对象到底是谁呢？

一般来说，在讨论策划方案的合理性时，公司往往会征求许多员工的意见。但是，你不应该将他们都列为自己要说服的对象。员工发表的看法往往带有一定的感情色彩和个人偏见。因此，想要说服所有的人是一项几乎不可能完成的任务。

但是，你根本不用一个个去说服所有人。实际上，真正需要你说服的人是非常少的。在大多数情况下，你只要搞定一位关键人物就足够了。

真正令我意识到这一点的是一位著名音乐人讲过的一段话。

那还是我在大学参加校园活动，观看日本流行乐队现场表演时的事情。当时演出的乐队女主唱在主持时，讲了一段令我感受至深的话。当年，在她所在的乐队正式出道时，音像公司的许多员工聚在一起对乐队的曲子和演奏风格品头论足，提出了许多的意见和建议。她认为绝大多数的建议是不切实际的，没有任何价值。因此，她最终下定决心，坚持自己的主见，绝不去听那些员工毫无意义的说教，并且讲出了一段非常有启发意义的感想："我们真正需要去做的就是说服拥有话语权和决定权的唯一决策者。"

在音乐圈，总监和制片人往往是说一不二的决策者，音像制品的发行和销售方案都是由他们决定的。在其他行业中，情况也基本相同。因此，她将拥有最终决策权的决策者作为自己公关的目标。对此，她总结道："无论谁想否定计划，都必须无条件服从拥有最终决定权的决策者，只要他认为应该按照这个方向执行，大家就必须严格遵守。"我非常认同她的观点，甚至觉得她之所以能取得现在的成功，都离不开这个想法。

之前，我也接触过一些实例，有些乐队在正式出道前，虽然实力一般但是风格非常独特，给人耳目一新的感觉。但是，他们在出道后慢慢沦落，再也创作不出充满灵性的音乐，终日只能演奏一些无聊的曲子，白白浪费了自己的天赋。试想一下，这些乐队为什么会沉沦下去呢？我想很可能是因为他们受到了音像公司员工不负责任的个人主观言论的影响，完全按照别人的想法去创作、表演，逐渐丧失了音乐创作的灵感和激情，沦落为缺乏灵魂的傀儡。

之前，我曾经在校外培训机构工作过，经常会遇到类似的情况。针对教材编辑耗尽心血出版的教材，总有一些不求甚解且自以为是的培训机构员工会提出内容空洞、毫无意义的修改意见，每当出现这种情况，教材的质量和水平都会受到严重影响，沦为平庸迂腐的失败之作。

多次亲历过这种局面后，我养成了一个习惯：当自己是方案的策划者和最终决策者时，我根本不去在乎那些无足轻重的人的意见。自己决策意味着自己担责。因此，我们只要关注那些真正有见地、有创新、有可行性的建议即可。

当被任命为推进某项方案落地的职务时，你根本就没必要努力去征求同事们的意见。当然，你也可以去倾听来自各方的看法和建议，其中肯定会有值得借鉴的经验。但是，针对那些片面依赖经验和主观想法提出的不切实际的方案，你完全可以会心一笑，置之不理。在此基础上，你还应该细化展示材料，积极争取"说一不二"的决策者的支持，推动他做出有利于你的决定。

第八章

适应纷繁复杂的
信息社会的更新机制

应该对预测进行更新

我们周围的环境时时刻刻都在发生变化，大家必须根据这种变化选择自己应该采取的行动。许多人能够认识到这一点，但是难以根据"变化"进行预测，并通过数值进行冷静的分析、判断。

在此，我将向因为信息爆炸而处于变化旋涡中的人提供明确个人行动指南。为了决定如何行动，我们需要对前途难料的状态进行预测，这一点非常重要。所谓前途难料的状态，是指每当新的信息出现时，都会改变状态的局面。

比如，在足球比赛中，如果自己的球队先进球取得1分的领先，那么取胜的可能性就比开始比赛时更大了。同样，在考试时，完成解题后自己的感觉会发生变化，因此自己在考试前和考试后对于考试分数的预测也是完全不同的。

获取新信息一般有两种结果：一种是排除不可能出现的事件的概率，另一种是可能发生的事件的概率之间的关系出现变化。当情况发生变化时，我们可以排除未来不可能发生的事件的概率，并且剩余概率之间的或然性也会发生变化。这种预测随着信息发生变化的情况，被称为更新（变更预期）。在本书中，我将统一使用更新（updating）这一术语。概率论最早问世于17世纪，自那以后，关于更新的观点就层出不穷。我将从这些观点中选择最著名的两个在本章中进行介绍。

条件概率的简单机制

关于更新，最具代表性的观点就是"条件概率"的思维方式。如果用一句话来归纳，那就是"可以理解为在获取信息后，关于剩余概率的比例关系"。下面，我将结合简单的实例进行说明。

比如，当你约朋友一起参加酒会时，那位朋友对你说："我要带一个熟人一起来。"那么，我们来推测一下这个熟人到底是男性还是女性。

在这种情况下，除了上述内容以外，没有任何其他信息。因此，最合理的推论是"那位熟人是女性的概率为50%"。这是因为人类的男女比例大约就是0.5∶0.5。

但是，如果掌握了上文中提到的朋友是女性，并且同行的"那位熟人是女子大学的同班同学"的信息，那么关于那位熟人性别的概率比例就会发生急剧变化。也就是说，通过这些信息，完全可以排除那位熟人为"男性"的可能性。在这种情况下，你的推论就会发生更新，从"那位熟人是女性的概率为50%"变为"那位熟人是女性的概率为100%"。这就是通过"排除可能性"完成的更新。

另一方面，当通过朋友了解到同行的熟人是"公司的同事"时，就会发生与上面完全不同的更新。根据这一信息，可以完全排除熟人是公司外人士的可能性。不仅如此，假设朋友公司的男女比例为4∶1，你就应该使用这一比例更新自己的推论。在两种概率相加为1的前提下，男女的比例关系就应该是0.8∶0.2。你的推论自然应该发生更新，从"那位熟人是女性的概率为50%"变为"那位熟人是女性的概率为20%"。

如果总结起来，这种更新的方法具体是由下述步骤构成的：

第一步：获取信息。

第二步：根据信息，排除不可能出现的事件的概率。

第三步：关于不能排除的剩余事件的概率，重新变更比例关系。

第四步：根据修改后的比例关系，计算条件概率。

下面，我们试着将上文提到的具体实例套入四个步骤中。

首先，当获取的信息为"那位熟人是女子大学的同班同学"时：

第一步：获取"那位熟人是女子大学的同班同学"的信息。

第二步：排除是男性的概率。

第三步：在剩余概率中，男女比为0：1。

第四步：在上述信息的前提下，那位熟人是女性的条件概率为100%。

其次，当获取的信息为"那位熟人是公司的同事"时：

第一步：获取"那位熟人是公司的同事"的信息。

第二步：排除来自公司以外的人的概率。

第三步：在剩余概率，也就是公司内的同事中，男女比为4：1=0.8：0.2。

第四步：在上述信息的前提下，那位熟人是女性的条件概率为20%。

当然，这些推理都是建立在事先对朋友带来的熟人没有任何了解的前提下的。比如，如果事先知道朋友总喜欢带男性的信息，那么条件概率也会随之发生变更。

顺便提一下，如果巧妙地使用这一方法，就会出现贝叶斯定理，也就是更新状态。贝叶斯定理是18世纪的数学家托马斯·贝叶斯提出的关于更新的方法论。在19世纪末20世纪初费希尔和内曼构建了现代统计学之后，贝叶斯推理就被完全遗忘了。

将这一理论重新挖掘出来并带入人们视野的是此前多次提到的沙万奇。沙万奇认为对于统计学而言，贝叶斯定理是非常重要的。沙万奇通过自己的方法重新激活了这一理论。他构建了主观概率理论，明确了贝叶斯定理的意义。在此后的50年中，统计学面临的大环境发生了重大变化，现在许多统计学家都将贝叶斯定理奉为基本理论，倍加重视。但是，关于贝叶斯定理，本书并未涉及更多内容。因此，如果想详细了解贝叶斯定理，请参照其他图书。

面对信息不够精确的情况应该如何处理呢？

根据上述条件概率实施的更新，是一种非常标准的思维方式。但是，使用条件概率也有比较多的限制，只有在精确了解信息结构的情况下才可以使用条件概率。然而，这种情况一般只会发生在数学领域，日常生活中很难遇到如掷骰

子、掷硬币、抽卡片等符合数学要求的不确定现象。可以
说，在这些现象中，没有任何受环境影响的模糊性因素。

日常生活中的不确定现象往往难以具备像掷骰子、掷
硬币和抽卡片那样明确的结构，必须在不精确的结构中进行
推理。

邓普斯特是正面对待推理结构的不精确性，并深入研究
是否可以在这种状态下对概率进行预测的早期学者之一。针
对产生不确定性的结构，邓普斯特认为不一定要极为精确地
了解每一个因素，并提出了针对不确定信息状况的模型化方
法。这些来自20世纪60年代的论文，是对第二章中提到的基
于概率的思维方式，也就是针对状态的集合分布数值的方法
论进行若干变更后的内容。

比如，遥控飞机起飞后，在某个视线所不及的地方坠
毁。我们可以用数字1~100对它坠毁的区域用编号进行划
分。也就是说，我们能够确定的只是这架遥控飞机肯定坠落
在100个区域中的某个区域内。

在这种情况下，假设我们关注的焦点是这架遥控飞机究
竟是坠落在陆地上，还是坠落在水中。我们用事件"陆"来
表示"坠落在陆地上"，用事件"水"来表示"坠落在水中"。
如果可以明确区分100个区域究竟是在陆地还是水面，那么

事情就简单了，只要通过概率模型就可以完成计算。比如当
40个区域是陆地，60个区域是水面时，可以判断出现"陆"
这一事件的概率是0.4，出现"水"这一事件的概率是0.6。

邓普斯特真正关注的是无法进行精准分类的情况。比
如，在上述100个区域中，有30个是陆地，有60个是水面，但
是无法判断剩余的10个区域到底是陆地还是水面的情况。也
就是说，必须按照下述对应关系考虑状态的情况：

区域1～30 →"陆地"；

区域31～90 →"水面"；

区域91～100 →"陆地、水面"。

在三组区域中，最后的那组"对应多种不同的情况"，呈
现出了"结构的不确定性"，这与标准的概率模型之间存在本
质差异。

邓普斯特的上限概率和下限概率

在这种由于对应多种可能性导致结构不精确的情况下，
邓普斯特的推理方法具体如下所示。这种方法并不晦涩难
懂，是一种非常自然的思维方式。

首先，最保守地预测"坠落在陆地上"的概率。可以

说"肯定落在陆地上"的是坠落在区域1～30的情况。关
于区域91～100，"虽然可能落在地上，但是也存在不确定
性"，可以忽略不计。因此，邓普斯特将"落在区域1～30
之间"的概率0.3称为"坠落在陆地上"的下限概率（lower
probability）。下限概率指的是"概率确实都高于这个值"，可
以说是最保守的概率评估值。

其次，最乐观地预测"坠落在陆地上"的概率。"绝对
不会坠落在地上"的是坠落在区域31～90的情况，其概率为
0.6。因此，坠落在陆地上最大的可能性为0.4（1-0.6），邓
普斯特将这一数值称为上限概率（upper probability）。如果
换种方式进行说明，那就是"坠落在陆地上"的上限概率是
"最乐观预测的概率"，等于"确实坠落在陆地上的概率"加
上"可能坠落在陆地上的概率"。

针对这种结构中存在不精确性和不确定性的情况，邓普
斯特提倡先计算上限概率和下限概率，然后将两者作为两个
端点，并将两点之间的部分作为概率范围。

疾病诊断的问题

前文说明了"与日常生活中的不确定性结构相关的知识

是不确定的、不够精确的"。证明这一观点的最好实例的就是医生诊断疾病。

美国有一部非常经典的医疗题材连续剧，名字叫作《豪斯医生》，讲述的就是诊断专家（diagnostician）豪斯进行医学推理的故事。豪斯是一位性格古怪的医学天才，经常会引起很多争议。诊断专家是指根据医学知识，彻底查清患者所患疾病的专业医生。也就是说，诊断专家从症状中推理出病因，并寻找适当的治疗方法。豪斯将"人人都会说谎"当成自己的座右铭。因此，他经常会潜入患者家里，搜索有毒物质和污染源，或者查看患者的日记和背景信息，从中找到做出诊断所需要的关键证据。遇到紧急情况时，他还会采取特殊措施，甚至故意加剧患者病情来验证自己的假设，有时还会诊断出罕见的病症。

只要你看过《豪斯医生》，就会深切地认识到诊断病症的难度。如果各种症状对应的病症只有一种，那么诊断起来就非常简单。但令人遗憾的是，现实并非如此。在实际诊断过程中，每个症状都会对应多种病症。

比如，《豪斯医生》中经常出现关于"传染病"和"自身免疫疾病"的诊断。传染病是指由于感染细菌等引起的疾病，主要通过抗生素进行治疗。自身免疫疾病是指由于患者的免疫系统出现问题，转而攻击患者自身导致的疾病，因此主要依靠类固醇等免疫抑制剂进行治疗。

诊断这两种病的难点在于：根据相同的症状，可以做出不同的判断，既可以怀疑患者得了传染病，也可以怀疑患者得了自身免疫疾病。也就是说，由于同一症状对应多种病症，因此具有模糊性和不确定性。在这种情况下，可能会出现患者得的是传染病，却被误诊为自身免疫疾病的情况。这样一来，医生可能会误用强效免疫抑制剂进行治疗，从而导致免疫系统停止工作，严重时甚至会造成患者死亡。针对这类患者，如果想实施安全合理的治疗，医生就必须考虑到"存在的所有可能性"，只能采取相对保守的治疗方案。

对于医疗领域出现的一种症状对应多种病症的实例而言，与通常的条件概率相比，可以说邓普斯特的上限概率和下限概率是更为合理的推理形式。

鉴别古董"陶罐"真伪的方法

继承并发展邓普斯特上限概率和下限概率理论的是一位名叫格伦·谢弗的数学家。谢弗的著作《证据的数学理论》（*A Mathematical Theory of Evidence*）提出了新的推理理论。

谢弗提出的理论的关键在于需要考虑**具体有多少"证据"**用来对关注事件的可能性大小进行预测。下面，我们将引用谢弗列举的实例进行说明。

比如，有一件典型"中国风"的陶罐，我们需要推理判断它究竟是明朝的古董，还是赝品。我们将这件陶罐是明朝古董的事件简称为"明"，将其是赝品的事件简称为"赝"。然后，我们对这两种事件发生的可能性大小进行评估。事件"明"的可能性大小是指你对这一事件拥有多大信任度。对此，谢弗用"Bel（明）"表示。

Bel是Belief（信念）一词的缩写，表示的是对"明"的信任度。同样，针对"赝"的信任度，也可以用"Bel（赝）"来表示。

"明、赝"代表的事件是"陶罐要么是明朝的古董，要么是赝品，肯定属于其中一种情况"。由于这种假设肯定是成立的，因此其信任度为1。也就是说，Bel（明、赝）=1。

这一特点与概率推理是完全相同的。"陶罐要么是明朝的古董，要么是赝品，肯定属于其中一种情况"，出现这一事件的概率必然为1。

然而，信任度函数是一种与概率完全不同的思维方式。我们可以通过下述方法进行分析。

你现在完全没有"明"的证据，也没有"赝"的证据。在这种情况下，针对两者中的任何一种情况，分配的信任度都应该是0。也就是说，Bel（明）等于0，Bel（赝）也等于0。

这样一来，大家肯定就明白了为什么信任度函数与所谓的概率是不同的。因为在概率的情况下，如果"明"的概率为0，那么"赝"的概率肯定为1。与之相反，如果"赝"的概率为0，那么"明"的概率肯定为1。根本不会出现双方均为0的情况。但是，在谢弗的信任度函数中，非常重视证据。虽说一方缺乏证据证明自身成立，但这并不意味着另一方就一定有证据证明自身成立。因此，即使Bel（明、赝）等于1，也可能会出现Bel（明）等于0且Bel（赝）等于0的情况。

我们再来看一下多少存在一些证据的情况。假设陶罐的所有者是精通中国古董的人。由此，可以评估"明"的信任度为0.3。此外，陶罐看起来不太旧，可能不是古董。根据这一证据，可以评估"赝"的信任度为0.6。有一点希望大家特别注意，即使在这种情况下，Bel（明）与Bel（赝）之和也只有0.9，还是不足1。这就意味着缺乏足够的证据。

如果运用邓普斯特的上限概率和下限概率理论进行分析，结果就会变成下述情况。在遥控飞机坠毁的实例中，如

果将区域1~30（陆地区域）作为事件"陆"的证据，则Bel
（陆）等于0.3；如果将区域31~90（水面区域）作为事件
"水"的证据，则Bel（水）等于0.6。此外，区域91~100
（不能说一定是陆地，也不能说一定是水面），可以解释为
证据不足的部分，也就是0.1。

主犯究竟是谁？

下面，我们结合一个稍微复杂一些的例子，对谢弗的理
论进行更加深入的说明。

假设有嫌犯a、嫌犯b、嫌犯c三个涉嫌同一案件的犯罪
嫌疑人，他们需要接受法庭的审判裁决。上述三人都接受有
罪的指控，但都不承认自己是主犯。因此，必须通过审判决
定到底谁是主犯。法官将根据三位嫌犯以及证人的证词，最
终审议判决谁是主犯。

现在假设你是一名法官，请根据谢弗的方法，模拟自己
是如何形成主观判断的。

首先，你要根据证人的证词，依次对嫌犯a、嫌犯b和嫌
犯c为主犯的证据的信任度进行预测。

①嫌犯a为主犯的证据→0.2；

②嫌犯b为主犯的证据→0.1；

③嫌犯c为主犯的证据→0.1。

这些分别是关于每个"个人"的证据。但是，根据证人的证词不同，有些证据暗示"主犯是嫌犯a或嫌犯b"。这与单独证明嫌犯a为主犯或者嫌犯b为主犯的证据是完全不同的。你可以按照下述方式，预测这种证据的信任度。

④嫌犯a或嫌犯b中的一方为主犯的证据→0.2；

⑤嫌犯b或嫌犯c中的一方为主犯的证据→0.2；

⑥嫌犯a或嫌犯c中的一方为主犯的证据→0.1。

如果将①至⑥中的数据相加，所得之和为0.9，仍不到1。由于这是缺乏证据的部分，因此可以认为⑦嫌犯a或嫌犯b或嫌犯c为主犯的证据→0.1。

在这种情况下，对你而言，根据①进行推理，"嫌犯a为主犯"的信任度Bel（a）自然就是0.2。"嫌犯a或嫌犯b中的一方为主犯"的信任度Bel（a、b）就是①、②和④三个证据信任度数值相加之和，等于0.5。

由此可见，在嫌犯a单独为主犯的基础上，增加嫌犯b为主犯的可能性后，信任度由0.2增加至0.5。虽说如此，嫌犯b为主犯的信任度却不是两者之差的0.3。根据②，"嫌犯b为主犯"的信任度Bel（b）为0.1。

191

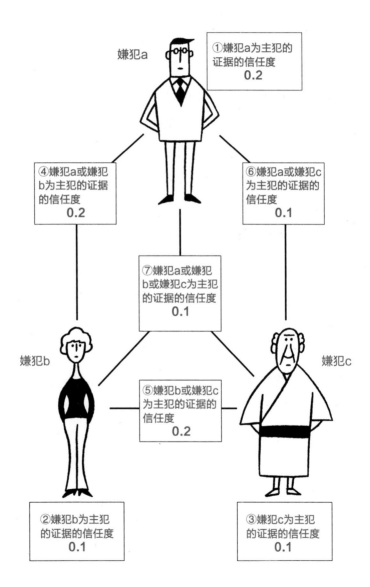

嫌犯a

①嫌犯a为主犯的
证据的信任度
0.2

④嫌犯a或嫌犯
b为主犯的证据
的信任度
0.2

⑥嫌犯a或嫌犯c
为主犯的证据的
信任度
0.1

⑦嫌犯a或嫌犯
b或嫌犯c为主犯
的证据的信任度
0.1

嫌犯b

嫌犯c

⑤嫌犯b或嫌犯c
为主犯的证据的
信任度
0.2

②嫌犯b为主犯
的证据的信任度
0.1

③嫌犯c为主犯
的证据的信任度
0.1

这与使用概率进行推理存在本质的区别。在依赖证据进行推理的谢弗理论中，存在许多不明确单独针对嫌犯a或嫌犯b，却又针对两者中某一方的证据。

如上所述，**谢弗的信任度函数是在证据叠加的基础上计算出来的**。因此，其判断标准与数学概率是不同的。

此外，在前文中曾经介绍过逻辑概率的概念，那是指根据证据赋予裁决概率或然性的思维方式。我们可以认为在这一点上，其与信任度函数之间是非常接近的。

D-S证据理论的更新

正如上文所述，无论是邓普斯特提出的一对多的上限概率和下限概率，还是谢弗提出的信任度函数，都不同于普通的概率理论。因此，其更新的机制自然也不相同。

上限概率、下限概率和信任度函数的更新，又被称为"D-S证据理论的更新"。下面，我们将结合上文中提到的法院裁决的实例进行分析说明。

现在，假设在审判过程中发现了新的证据，从客观上证明嫌犯c不可能是主犯。在这种情况下，应该如何更新"嫌犯a为主犯"这一判断的或然性呢？

在这种情况下，应该先删除③"嫌犯c为主犯"的证据。但是，应该将⑤"嫌犯b或嫌犯c中的一方为主犯"的证据纳入考虑范围。这是因为这一证据对证明无法完全排除嫌疑的"嫌犯b为主犯"具有强化支撑作用。因此，在目前将焦点对准嫌犯a和嫌犯b的情况下，应该试着按照"仅对嫌犯a一方不利的证据""仅对嫌犯b一方不利的证据"以及"对两方都不利的证据"进行分类。

仅对嫌犯a一方不利的证据包括：

①嫌犯a为主犯的证据→0.2；

⑥嫌犯a或嫌犯c中的一方为主犯的证据→0.1。

①+⑥ = 0.3。

仅对嫌犯b一方不利的证据包括：

②嫌犯b为主犯的证据→0.1；

⑤嫌犯b或嫌犯c中的一方为主犯的证据→0.2。

②+⑤ = 0.3。

对两方都不利的证据包括：

④嫌犯a或嫌犯b中的一方为主犯的证据→0.2；

⑦嫌犯a或嫌犯b或嫌犯c中的一方为主犯的证据→0.1。

④+⑦ = 0.3。

由此可见，证据数值的比例关系为：

（嫌犯a为主犯的证据）:（嫌犯b为主犯的证据）:（嫌犯a
或嫌犯b为主犯的证据）

=0.3 : 0.3 : 0.3

=1 : 1 : 1

=$\frac{1}{3}$: $\frac{1}{3}$: $\frac{1}{3}$

因此，在获悉嫌犯c绝对不是主犯的信息后，你认为"嫌
犯a为主犯"的可信度增加到1/3。在获悉信息之前，这一判
断的可信度原来为0.2，现在增加了约0.13。这就是D-S证据
理论的更新机制的实例。

有的读者可能会觉得从0.2变为1/3的变化不大，因此认
为并不是多重要的事情。但是，如果仔细思考一下，你就会
发现事实并非如此。我们每个人都有自己"无法忍受"的底
线，用专业术语来说，就是阈值①。它代表着一个区间的极
限值，如果超过这一数值，人们就会改变自己的行为。在
学校中，关于旷课的最高课时数是有明确规定的。一旦超
过这个数值，哪怕只超出一课时，也无法顺利毕业。这是
一种典型的阈值。此外，朋友在我们心中的地位和形象，
也是随着他的言行而不断更新的。一旦某位朋友的负面言行

---

① 阈的意思是界限，故阈值又叫临界值，是指一个效应能够产生的最低值或最高值。阈
值广泛用于很多领域，包括建筑学、生物学、化学、电学、心理学等。

超过了我们能够接受的范围，恐怕我们只能将他从朋友列表中"拉黑"了。

在这种情况下，最终数值超出阈值的量可能很小，但确实会改变我们的行为。

这一特点在机械和人工智能领域表现得更为明显。在编程计算中，一旦超过了预先设置的阈值，就会发生急剧变化。

D-S证据理论的关键在于：即使明确嫌犯c不是主犯，也只是删除与嫌犯c相关的证据，不会影响嫌犯c与其他嫌犯相互关联的证据继续发挥作用。也就是说，进行更新，从获取的信息中删除"绝对不可能"的证据，但需要继续发挥其他证据的作用。

当需要谨慎决策时

D-S证据理论的更新机制，可以为医疗诊断提供谨慎的决策。

我们可以结合前文提到的实例，将嫌犯a、b、c分别替换为疾病a、b、c，并试着将①至⑦的证据解释为患者的症状。在这种情况下，通过对D-S证据理论的更新，可以排除疾病c的可能性。在此基础上，将③以外的症状全部列为考虑对象，用来判断患者患的是疾病a还是疾病b。在将具体疾病锁定在疾病a或疾病b之后，会发现针对各个疾病的信任度之和为2/3，并不满1。这是因为症状④至⑦增加了一定的模糊性和不确定性，"虽然症状表明患者所患的疾病属于疾病a或疾病b中的一种，但无法明确究竟是其中的哪一种"。在这种情况下，即使医生拥有明确的诊断——当信任度超过50%（0.5）时，就可以确诊疾病——也不足以判断症状就是疾病a或是疾病b引发的。也就是说，医生无法做出非疾病a就肯定是疾病b的诊断。

由此可见，与概率的更新相比，D-S证据理论的更新是一种更适合于医疗诊断的推理方法。

综上所述，与单凭直觉判断形势变化，临机采取应对方式相比，更新是一种更加理性的决策方法。正所谓"数字胜于直觉"，在真正掌握这种更新机制的基础上，积极思考并形成自己独特的运用证据的方式，是非常有意义的。

专题4 **当你感到纠结无法做出决定时，
帮你迈出关键一步的技巧**

"羞耻心"是导致人们在沟通过程中态度消极的最大诱因。

人们在暗恋某人时，不敢轻易表白就是由于"羞耻心"作祟而难以迈出关键一步的典型代表。除了小部分人以外，大多数人都会对表白望而却步。这是因为一旦被表白对象拒绝，就会让人感到非常尴尬。

此外，虽然不是"表白"，但主动与很长时间没有联系的朋友搭话，也是需要非常大的勇气的。尽管突然联系不是什么大不了的事情，却容易被对方看成是自己在主动献殷勤，因此会令人感到非常"尴尬"。

另一个"羞耻心"束缚手脚、令人踌躇不前的例子是请求别人给自己"分配工作"。这种请求会令对方感受到你的弱小无能，需要你放下面子、抛弃羞耻心，主动放低姿态去求别人。然而，每个人心中都有一种难以言表的自尊，都不想被人轻视。因此，很多人对于这种事情往往都保持沉默，无论如何都不愿意主动向前迈出一步。

下面，我将介绍一种克服"羞耻心"的好方法，那就是充分利用"节令问候"。

我就曾经在元旦接到过来自许久未联系的朋友的问候邮件。我之所以不发邮件只是因为觉得没有什么特别的话题可以聊而已。但是,后来见面时听朋友说,他还担心我是因为什么事情生气了,所以才音信全无的。朋友耐心地对我解释了他发那封问候邮件的真正用意,"如果在元旦接到一封表达祝福的邮件,无论是谁都不会感到厌烦"。听完之后,我恍然大悟,觉得"确实如此"。

顺便提一下,我也有利用"节令问候"赢得人生转机的经验。

那是我30多岁时发生的事情,当时的我刚开始写书。但是,在出版了第二本书后,我就陷入了漫长的空窗期,一直拿不到下一本书的约稿合同,内心处于焦虑之中。在这种状态下,我的情绪非常低落,甚至有了放弃写作的想法。虽然身处困境,我却依然不愿意主动联系出版行业合作过的编辑,不想放下面子试着问问"能不能给个工作机会",因为我觉得这种行为是非常丢面子的。

话虽如此,如果一直这样下去我就要陷入绝境了。面对山穷水尽的局面,我想到了一个巧妙的策略,那就是向所有我认识的编辑发送明信片。当时恰逢我刚刚搬完家,是一个非常好的时机。通过发送明信片告知别人自己搬家的消息是再自然不过的事情，接到的人根本不会感到唐突和惊讶。于是，我就向自己认识的编辑都寄送了明信片，上面特意写上"期待着与您合作"的字样。

当时，我根本没指望这样做能有什么立竿见影的效果。令人意想不到的是，明信片竟然发挥了重要的作用。恰好有一位之前在杂志社合作过的编辑刚刚转行到图书出版部门不久，需要大量稿件。对我而言，这是一个绝佳的机会。因此，虽然我只是一个初出茅庐的作者，却幸运地赢得了执笔新书的机会。以这本新书为契机，我涉猎的创作领域得到了大幅拓展。一些编辑在读了我的新书之后，也纷纷向我抛来橄榄枝，为我提供新的工作机会。现在，我在出版行业内也算是有一些知名度了。很难想象如果没有当初那些明信片，我的图书写作工作会发展到什么程度，恐怕早已画上终止符了。这样看来，"节令问候"真的可以发挥很大的作用。

第九章

对选择缺乏自信的人
适用的概率论

这个选择真的是正确的吗？

人们在对"可能性"进行预测时，往往要面对内心的问题：对自己做出的判断是否有信心。人不是机器，对自己做出的结论产生怀疑是非常正常的。实际上，我们有时会问自己："这个选择真的是正确的吗？"这反映了"自信"这一心理层面的问题。

比如，我们经常使用的"十有八九会是那样"的表述形式，就体现了"十成之中，有八九成会是那样"的一种预测。如果用概率来表示，就是"预计发生那件事的概率是$0.8 \sim 0.9$"。

如果认真思考一下，就会发现这种表述形式是非常奇怪的。之所以这么说，是因为概率本来就是由于无法做出确切判断，才不得不使用的不确切的表达方式。总体来说，概率给人的感觉就是"可能会发生，也可能不会发生"。如上所述，概率本身就是一种带有不确定色彩的表现形式。在表述概率值时，如果再给出"0.8～0.9"的选择范围，就会进一步增加不确定性。这么做到底是为什么呢？

可以说，这正是"缺乏自信"的一种表现。在现实生活中，人们如果缺乏自信，就会准备多个备选答案。比如，"这可能是A干的，也可能是B干的""这部电影的口碑毁誉参半，有人认为很精彩，有人认为很无聊"，等等。一般来说，当缺乏做出明确判断的自信时，人们就会列举多种可能性。

多重先验理论

如上所述，针对同一事件，人们在内心中往往会给出多个概率。也就是说，人们会分配多个数值，比如发生事件的概率"可能是0.8，也可能是0.9"。在专业术语中，这种适用多个概率模型的决策方式，被称为**多重先验**（multiple prior）。

从数学角度构建与多重先验相关的概率理论最早可以追溯到20世纪80年代。以色列数学家伊扎克·吉尔伯阿和大卫·施迈德勒最先提出这一理论，并在随后开展了大量相关研究。他们是研究如何通过数学方式表现第七章中提到的"奈特式不确定性"的学者。实际上，这种多重先验理论也是为了表现"奈特式不确定性"而提出的。

伊扎克·吉尔伯阿和大卫·施迈德勒准备了五种与人们行为选择相关的调查问卷,从数学角度证明了所有参与问卷调查的人"与心中按照多重先验进行决策的人是相同的"。这是对前文介绍的弗兰克·安斯库姆和罗伯特·奥曼提出的主观概率理论进行改进后的理论。通过这一理论,确立了多重先验概率理论的可验证性和可操作性。

针对心中拥有多重先验判断的人,伊扎克·吉尔伯阿和大卫·施迈德勒提出了一个设想,先是计算按照多个概率模型实施行动时的结果,也就是收益期望值,然后在此基础上运用第三章介绍的最大最小准则进行决策。

比如某位决策者在面对从未处理过的复杂事件时,内心有两种截然不同的先验判断:第一种是"发生X的概率为0.7,不发生的概率为0.3";第二种是"发生X的概率为0.4,不发生的概率为0.6"。这令他一时难以抉择,缺乏选择其中一种的自信。在这种情况下,如果发生X后,这位决策者可以得到100万日元,那么他是否应该冒着付出60万日元成本的风险去做这件事呢?关于这一点,应该如何进行判断呢?在选择具体落实这一行动时,当发生事件X后,他会赢得100万日元,扣除成本后,盈利为40万日元。另一方面,如果不发生X,

他投入的60万日元就会付诸东流。对此，决策者的内心存在着这两种先验考虑，无法做出倾向于其中某一方的选择。因此，针对行动带来的利润评估也存在着双重结果。

对此，伊扎克·吉尔伯阿和大卫·施迈德勒提出了一个方案，建议使用最大最小准则，分别计算两种先验状态下的期望值（概率平均值），并选择较差的一方作为评估标准。在上文提到的例子中，做出实施行动的选择时，第一种先验判断的期望值为10万日元（100万日元×0.7–60万日元），第二种先验判断的期望值为–20万日元（100万日元×0.4–60万日元）。应该选择两者之中较差的–20万日元作为保底值。在这种情况下，不采取任何行动时的利润为0万日元（保底值），大于采取行动时的保底值–20万日元，由此可以判断，该决策者不应采取任何行动。

这种多重先验判断是在人们缺乏对未来进行预测的信心时产生的。伊扎克·吉尔伯阿和大卫·施迈德勒从数学角度固化了其运用机制。那么，在我们的现实生活中，应该如何充分发挥它的作用呢？

多重先验理论发挥作用的途径主要有两个方面：一是平时积极培养利用多重先验理论进行思考的习惯；二是坚持认为人们是在多重先验理论的支配（不管有意还是无意）下实

施行动的，并积极利用这一特点，充分发挥其在自己决策方面的作用。

下面，我将就第一个作用进行说明。对于未来的事情，我们一般都无法掌握大量、准确的信息。如果有某些统计数据还好判断，但是在大多数情况下，我们的判断都是缺少足够的信息支持的。在这种局面下，我们还要面对决策的压力。虽然受困于信息太少导致缺乏自信是客观存在的事情，但是与就此放弃努力不做任何预测相比，我们应该从积极的角度看待缺乏自信的实际情况，养成利用多重先验理论思考的习惯。这是因为与放弃预测相比，多重先验理论有利于我们进行更为有效的思考。

在明确了第一个作用后，我将对第二个作用进行说明。如果人们是在多重先验理论的支配下进行决策的，那么就可以对他们行为样式中存在的看似不合理的部分给出合理的解释。不仅如此，有时我们还可以利用这种理解问题的视角，改善自己的行为方式。也就是说，用多重先验理论来"解读他人的行为"，做出最有利于自己的选择。

在下文中，我将按照第一个作用、第二个作用的顺序，结合具体事例进行说明。

应该如何充分发挥第二意见①的作用?

自然形成多重先验并且发挥重要作用的就是医疗领域的第二意见。

"第二意见"是指除了主治医生以外,患者向其他医生咨询关于自身疾病治疗方针的建议。近年来,其重要性备受关注,成了讨论的焦点,逐渐被纳入普通的医疗体系,得到了广泛的应用。这种机制的优点非常明显:一方面,患者在选择自身疾病的治疗方案时,可以更广泛地征求意见,并充分发挥各种资源的作用;另一方面,主治医生可将确定治疗方案的部分责任交还给患者本人,从而减轻医生的责任负担。

这里有一点需要特别注意,当患者得到第二意见时,往往会产生多重先验判断,这是一个不可回避的事实。比如,主治医生认为"通过手术治愈这种疾病的概率为90%,通过用药治愈的概率为20%"。与之相对,给出第二意见的医生则认为"通过手术治愈这种疾病的概率为60%,通过用药治

---

① 第二意见(second opinion)是一个医学术语,指患者在罹患疾病或遭受意外伤害并已经获得诊断(第一意见)的基础上,咨询世界各地的顶尖医疗机构所组成的咨询网络,由其提供专业书面医疗建议。第二意见主要针对危及生命或改变生命状态的疾病,如癌症、先天性心脏疾病等。

愈的概率为50%"。在这种情况下，对于患者而言，作为治愈
的概率模型，会产生两种先验判断：通过手术治愈的概率为
90%，通过用药治愈的概率为20%；通过手术治愈的概率为
60%，通过用药治愈的概率为50%。

　　然而，患者是难以对这两种先验判断进行优先级排序
的。这是因为大多数患者本身并不具备医学专业知识，而提
出上述概率模型的都是拥有医学专业知识的医生。患者缺乏
充分的依据对两种先验判断进行比较，并选择自己应该信任
的一方。

　　如果患者根据伊扎克·吉尔伯阿和大卫·施迈德勒提

出的理论对"是否进行手术"做出选择，则具体判断过程如下：当选择手术作为治疗方案时，应该参照最差情况下的成功概率0.6；当选择用药作为治疗方案时，应该参照最差情况下的成功概率0.2。无论哪种情况，患者得到治愈的前景都不得不蒙上一层悲观色彩。面对这样的情况，患者恐怕只能选择将自己的命运交给手术治疗了。

统计学中的区间估计

区间估计（interval estimate）是统计学中一个非常重要的概念。其主要是在一定的范围区间内，针对需要推测的参数进行估计的方法。

假设某个特定事件发生的概率为p。此时，从得到的数据中推测出$p=0.2$的方法被称为"点估计"。比如，在100次事件中发生20次特定事件时，可以推测$p=0.2$。

与之相对，对推测设定一定范围的方法就属于区间估计，比如推测出的结果为$0.3 \geq p \geq 0.1$时。区间估计的特点在于可以赋予某种"置信度"。最为典型的就是以"95%置信区间"的形式，这是赋予95%置信度的区间估计。其实，95%是便于统计学使用的数值。作为更为严格的标准，也有使用99%这个数值的，甚至还有更严格的标准。这个95%置信区间表示的意思是使用某种特定方法反复进行推测的情况下，实施100次实测时，结果有95次在规定的区间范围（不等式的范围）内。

区间估计与点估计的原理完全不同。本书无法对此进行详细论述，只能简单进行说明，希望大家能够谅解。此外，如果光看表现形式，区间估计似乎与第八章中介绍的上限概率和下限概率相同。但是，实际上，两者是完全不同的方法论。

在实施区间估计时，首先要确立一个假设，将p固定为某个数值。比如假设"$p=0.5$"时，可以按照95%的正确度来设定范围，预测某个事件会发生多少次。如果设定中奖的概率为0.5，则按照95%的概率计算，抽奖100次时中奖的次数就应该是40～60次之间。

如果实际观测到的数据，也就是实际中奖的次数不在预测的区间内，就应该否定"$p=0.5$"的假设。也就是说，如果中奖的次数为30次，就说明这个假设是错误的。我们将这种情况称为"假设否定"。

通过这种假设检验的方法，推测出来的置信区间"$0.3 \geq p \geq 0.1$"表示的是经过检验后未被否定的p的集合，也就是"不存在应该否定的证据，所以可以保留的数值集合"。

在读了上文的说明后，可以明确关于事件发生概率的区间估计实际上是一种多重先验。这是因为置信区间"$0.3 \geq p \geq 0.1$"是指"针对相应事件发生的概率设想了多个（无限个连续）先验判断"，也就是说，"p可以是0.1、0.11、0.12……0.19、0.20……0.3"。如果用更为专业的术语来说，区间估计是指具有多个（无限个连续）母集合的概率模型的方法论。

"交投疏落导致股价稳定"的机制

伊扎克·吉尔伯阿和大卫·施迈德勒提出的多重先验理论被广泛用于解释许多不同的经济现象。其中，最为有趣的就是在股票市场中的应用。

经济学家詹姆斯·道（James Dow）和塞尔吉奥·沃朗（Sergio Werlang）从多重先验理论出发，对股票市场中偶尔会出现的"交投疏落导致股价稳定"的现象进行了说明。"交投疏落导致股价稳定"是指"市场交易参与者少、成交量小、股票价格整体基本不变的现象"。

詹姆斯·道和塞尔吉奥·沃朗对于这种现象的分析具体

如下：

投资者对某只股票未来价格的走向，往往抱有两种先验判断：第一种是股价上涨的概率较高；第二种是股价下跌的概率较高。

投资者对这只股票可能会采取三种行动：第一种是买入股票；第二种是卖出股票；第三种是观望，什么也不做。买入股票时，当股价升值后，投资者可以获取利润；卖出股票时，当股价下跌后，投资者可以避免损失。在这种情况下，投资者应该如何选择呢？

当选择买入股票时，在认定股价会升高的第一种先验判断下利润是正的，在认定股价会下跌的第二种先验判断下利润是负的。因此，较差一方的利润（保底值）是负的。

当选择卖出股票时，在第二种先验判断下利润是正的，在第一种先验判断下利润是负的。因此，较差一方的利润（保底值）仍是负的。

当选择第三种"观望，什么也不做"的行动时，无论在哪种先验判断下利润都是0。因此，较差一方的利润（保底值）就是0。

由此可见，**在使用最大最小准则的情况下，应该选择"观望，什么也不做"**。这就是詹姆斯·道和塞尔吉奥·沃朗分析的"交投疏落导致股价稳定"的机制。

为什么股价上涨往往是渐进式的，下跌却往往是断崖式的?

在股市中有一种说法叫"上涨需百日，下跌仅三日"，形容的就是"股价上涨时往往是渐进式的小幅上涨，而下跌时往往是断崖式的快速下降"的现象。对此，许多投资者都有切肤之痛。

著名经济学家拉里·爱泼斯坦（Larry Epstein）和马丁·施耐德（Martin Schneider）使用多重先验理论，对这种现象进行了分析。下面，我将尽可能通过简单的具体例子进行总结概括。

假设投资者预测现在持有的A企业的股票，在一个月之后股票价格将达到100日元。

此时，媒体爆出了关于A企业的某个消息。如果消息的内容是真实的，那么A企业的股票价格在一个月之后将变为x日元。但是，投资者内心对于消息的可信性持有两种先验判断：第一种判断是"应该高估消息的可信度"，在这种情况下，投资者会对一个月之后的预期股价进行修改，也就是对原预期价格100日元与新预期价格x日元之间的部分进行三等分，选择更接近新预期价格的部分作为一个月之后的预期股价；第二种判断是"应该低估消息的可信度"，在这种情况下，投资者会对一个月之后的预期股价进行修改，也就是对原预期价格100日元与新预期价格x日元之间的部分进行三等分，选择更接近原预期价格100日元的部分作为一个月之后的预期股价。

在上述假设的前提下，如果投资者使用了基于多重先验理论的最大最小准则，会出现怎样的推理结果呢？下面，我们就一起来分析一下。

我们先假设传来的是利好消息，带动股价大幅上涨，股票新预期价格为130日元。

此时，如果选择第一种先验判断，则对100日元和130日元之间的部分进行三等分后，选择更接近130日元的120日元作为预期股价。如果选择第二种先验判断，则对100日元和130日元之间的部分进行三等分后，选择更接近100日元的110日元作为预期股价。在这种情况下，保底值为110日元。因此，投资者会将一个月之后的预期股价从100日元修改为110日元。有一点非常重要，在这一修改中，选择的是"应该低估利好消息的可信度"的先验判断。也就是说，投资者在得到利好消息时，往往会低估其可信度。

我们再假设得到的是利空消息，情况则完全相反，股票新预期价格为70日元。

此时，如果选择第一种先验判断，则对100日元和70日元之间的部分进行三等分后，选择更接近70日元的80日元作为预期股价。如果选择第二种先验判断，则对100日元和70日元之间的部分进行三等分后，选择更接近100日元的90日元作为预期股价。在这种情况下，投资者的保底值为80日元。因此，投资者会将一个月之后的预期股价从100日元修改为80日元。在这一修改中，利用的推理是"应该高估利空消息的可信度"的先验判断。

也就是说，当投资者得到利好消息时，只是将预期股票价格向上涨10日元的方向进行了调整。但是，**当投资者得到利空消息时，却将预期股票价格向下跌20日元的方向进行了调整**。也就是说，当得到利好消息时，预期股价会向接近原预期价格方向调整，当得到利空消息时，股价会向接近新预期价格方向调整。这反映出了人们"对利好消息反应冷淡，但对利空消息反应强烈"的心理特点。这正是拉里·爱泼斯坦和马丁·施耐德对"上涨需百日，下跌仅三日"这一股市现象的科学诠释。

换个角度看，缺乏自信就是行事慎重

本章对伊扎克·吉尔伯阿和大卫·施迈德勒的决策理论——多重先验理论进行了详细阐述。上文已经多次提到，产生多重先验判断是对推理缺乏自信的表现。然而，缺乏自信本身并不一定就是坏事。缺乏自信往往是推理依据少，无法做出确切判断的结果。因此，可以说，在这种状态下做出的推理，往往是更为慎重的。从另一个角度来看，明明没有确切依据，却总是直接做出判断的人才是草率的、鲁莽的、不负责任的。可以毫不夸张地说，换个角度看，缺乏自信恰恰是行事慎重的体现。

多重先验理论是一种技巧，在它的支配下，当推理遇到困难时，人们并不会就此停止思考、自暴自弃，由于其具有多重性，因此人们可以尽最大可能对推理进行量化分析。在熟练掌握这一技巧后，人们可以扬长避短，充分发挥缺乏自信的积极作用，做出更有意义的决策。

本书的第二部分围绕人们迷惘彷徨、缺失自信时的决策方法，展开了介绍。许多人一旦陷入丧失自信的状态，就会放弃思考，不敢表达自己的想法。这种做法偶尔会带来积极的结果，但在更多的情况下会招致恶果。

迷惘彷徨、缺失自信是人类朴素的天性，并不需要批判摒弃，只要不是深陷迷惘之中无法自拔就没有太大问题。但是，如果有人因此陷入因循守旧、不思进取的状态，就无法取得任何进步。

在这种情况下，我们可以试试"数值量化"的方法。作为量化的方法，我介绍了"惊奇""上限概率和下限概率""信任度函数"和"多重先验判断"四种决策方法。

世间的事往往都是充满不确定性的。但是，在面对这些不确定性时，我们可以通过数值进行分析，以冷静的姿态沉着应对。如果拙著能够发挥一丝作用，帮助读者解决生活中遇到的烦恼，我将不胜欣慰。

后 记

选择的正确性是指什么?

此时此刻,我想亲爱的读者一定已经读完这本书了。那么,此次阅读是否给你带来了一些改变呢?如果是的话,对我而言,就是最大的褒奖,回忆起创作过程中遭遇的困难与挫折,一切似乎都是值得的。

正如我在前言中写到的那样,人生就是不断决策的过程,我们生活中的每个瞬间都离不开一系列的连续决策。有些人总是试图逃避决策,但是大家不要忘记一点,"逃避"这种行为本身也是一种决策。也就是说,我们是无法绝对回避决策的。我希望通过本书帮助读者更好地了解决策这种人们不得不面对的行为。

本书得到了朝日新闻出版社大阪温子女士倾力协助。大阪女士有之前参与《数学思考的技巧》一书编辑的经验。从那时开始,她就对决策问题产生了浓厚的兴趣。这是因为她本身的性格属于犹豫不决的类型,容易陷入迷惘,并且缺乏自信。实际上，许多读者身上也存在类似的问题，连我自己也是这样。从这个角度来看，本书是解答大阪女士疑惑的宝典。与此同时，本书也可以作为广大读者的行动指南。与《数学思考的技巧》一书相同，本书在大阪女士的全情付出下，经过精心策划编辑，得到了进一步的优化和完善，能够将最完美的一面展示给广大读者。对我而言，这是无比荣幸的。

　　本书用了大量篇幅阐述"决策"与"概率"之间的关系。"概率"是一种用来探索"未知事件"的数学技巧。这里提到的"未知事件"主要包括两种：一种是未来发生的事件；另一种是深藏于人们心中，无法窥探的事件。当我们试图预测这两种事件时，最先浮现在脑海中的就是"可能性"的概念。"可能性"就是指事件的分化性和多重性。"概率"就是指用来计算"可能性"的数学。在概率的理论中，基本上是先确定"状态"（基本事件），然后针对各种状态分析出与之存在联系的"结果"，并从中选择一种作为决策。这就是我们所谓的"决策"与"行为"。本书重点阐释的就是这种基于概率做决策的思维方法。

　　在这里，我希望对用了九章篇幅构建的理论体系进行一个总结，并在此基础上，向读者提出一个开放性问题或者说是布置一项作业。

2006年，约翰·霍普金斯大学的经济学家艾迪·卡尔尼曾经写过一篇关于不确定条件下决策问题的论文，内容非常深刻。在论文中，他强调了"人们不应该割裂状态与行为之间的联系"，并提出了全新的决策理论框架。

下面，我将介绍卡尔尼引用的奥曼和沙万奇之间的争论。他们两位都是本书中曾经提到过的学者。

1971年，奥曼向沙万奇寄了一封信，提出了下述疑问：

假设现在有一位深爱自己妻子的丈夫。他的妻子不幸罹患重病，为了继续活下去不得不接受高风险的手术治疗。可以设想丈夫面临着下述赌局，是选择用100美元赌妻子的生死，还是选择用100美元来赌掷硬币，两者必须择其一。在这一脚本中，可能发生四种状态：第一种是妻子健康地活下去，硬币为正面；第二种是妻子健康地活下去，硬币为反面；第三种是妻子手术后不幸离世，硬币为正面；第四种是妻子手术后不幸离世，硬币为反面。然而，即使丈夫预测妻子生存的概率只有0.5甚至不足0.5时，他也肯定会不顾一切地去放手一搏，赌妻子肯定能活下去。这是因为如果妻子不幸离世，区区100美元对于丈夫而言是没有任何意义的。

卡尔尼认为在这个例子中，奥曼对沙万奇的主观概率理论进行了猛烈的抨击。奥曼批评沙万奇"在思考问题时，将状态和结果混为一谈，未做明确区分，处于一种混乱的状态"。

针对奥曼的批评，沙万奇的回答非常暧昧。一方面，他承认奥曼提出的例子给其方法论带来了较大的冲击；另一方面，他又对自己的理论充满信心，坚信将来总会找到某种理论方面的突破口。

为了进一步增强奥曼提出的观点的可信性，卡尔尼又按照下述内容对上文中的事例进行了详细解释。他认为，除了赌妻子的生死和掷硬币以外，丈夫还可以选择哪家医院委托哪位医生主刀。此时，丈夫的行为与手术的相关状态之间是密不可分的。这是因为"行为"导致"状态"，"状态"源于"行为"。

这一争论带给我们的启示是："可能性"与"行为"之间是密切联系、不可分割的。在漫漫人生中，许多时候，"决策"导致"可能性"，"行为"是促使未来道路发生分岔的诱因。从这个角度来看，通过大脑思考酝酿出"可能性"，然后冷静进行评估，再做出决策的想法是本末倒置，也是不切实际的。最终，人们或许只能走上唯一的道路，一切听从命运的安排。

　　我一度认为决策机制才是决定世界状态的根本因素,当时的我坚信贫富差距、人们遭受的不幸和不公平待遇等问题都可以归结为决策机制导致的问题。这也是我对决策理论产生兴趣并积极投身研究的原因。

　　然而,随着对决策理论的研究越来越深入,我真切地感受到事实并没有那么简单。正如卡尔尼所阐述的以及奥曼所质疑的那样,"可能性""行为"和"结果"之间是浑然一体、不可分割的,这种关系无法像作为自然法则提出的数学因果定律那样,通过具体的语言表述出来。也许世间真的存在某种神秘力量,主宰着社会的发展运行。尽管如此,我依然不会放弃,下定决心在这一领域继续坚守,争取有朝一日能够梦想成真。

　　最后,我想给大家留一个开放性问题,请思考下面的话是否正确。

　　世界上不存在错误的选择。之所以这么说,是因为最终决定选择正确与否的是你的行为。

小岛宽之